VIETNAMEASY VEGETARISCH

VIETNAMEASY VEGETARISCH

ÜBER 80 AUTHENTISCHE REZEPTE AUS VIETNAM – GANZ OHNE FLEISCH

Uyen Luu

DK

»Ich habe einen wunderbar duftenden Bund Thai-Basilikum«, sagt meine Mutter. »Soll ich einen Topf *phở* kochen?« Wir sind keine Vegetarier, aber ich habe schon als Kind gelernt, Gemüse zu lieben. Meine Mutter hat all unsere Mahlzeiten mit Kräutern, Obst und Gemüse zubereitet. Es gab gebratenen Fisch in Tomatensauce, weil Tomaten gerade Saison hatten, dazu Tofu und gegrillte Auberginen. Bei einer Mahlzeit gab es etwa drei oder vier Gemüsegerichte und ein Fisch- oder Fleischgericht und immer Reis dazu.

In der vietnamesischen Kultur haben Familienmahlzeiten oder Essen mit Freunden einen sehr hohen Stellenwert. Dabei wird am liebsten zwanglos über das Essen geredet. Dieser Smalltalk hat alle möglichen Bedeutungen und ist Zeichen von Zusammengehörigkeit, denn wahre Gefühle werden selten an- oder ausgesprochen.

Meine Mutter singt, wenn sie über Essen spricht. Obst und Gemüse machen sie glücklich, und man erkennt dies auch an der Art, wie sie kocht, isst und über Essen spricht. Die Betonung ist in der vietnamesischen Sprache ebenso wichtig wie die Worte, und so zirpen die aufgeregten Laute meiner Mutter auch über dampfende Süßkartoffeln und flöten über saftige Limetten in Dipsaucen, als würde jede Jahreszeit ihr eine neue Überraschung bescheren oder eine schöne Erinnerung wieder aufleben lassen.

»Meine Nachbarin hat mir erzählt, dass chinesische Veilchen gerade Saison haben«, flüstert sie so leise, als ob die geheimnisvollen Veilchen sofort ausverkauft wären, wenn sie lauter sprechen würde. »Ich habe welche bekommen«, sagt sie dann etwas lauter. »Soll ich eine Suppe kochen oder sie mit Knoblauch anbraten?« Mit dem nächsten Atemzug zieht sie triumphierend eine grüne, fast schon gelbe Mango aus ihrer Einkaufstasche und atmet sie ein. »Das ist ein Geschenk für Olive [meine Tochter]. Riech daran, los, riech dran ...« Überglücklich ruft sie: »Ngon quá trời ngon!« (So lecker, himmlisch lecker.)

Ich bin in London aufgewachsen, und meine Mutter und ihre Freundinnen waren die einzigen Vietnamesinnen, die ich kannte. Alles, was ich weiß, weiß ich, weil ich ihren Küchengesprächen gelauscht habe, während ich den Auftrag hatte, Teigtaschen zu falten und Frühlingsrollen zu rollen. Seit den frühen 1980er-Jahren sind sie eine Schwesternschaft – ein Clan von Frauen, die sich gegenseitig unterstützen, Karaoke singen, zusammen tanzen, Essen teilen, endlos über Rezepte diskutieren und über Kräuter, Obst und Gemüse plaudern. Es ist, als würden die Pflanzen, von denen sie sprechen, die Süße des Lebens widerspiegeln, das Saure, das es mit sich bringt, das Bittere, das es einschließt, und die Schärfe, die es umgibt. Die Schönheit und Köstlichkeit ihrer Gerichte sind ein Spiegel des Mitgefühls und der Liebe, die oft in ihnen verborgen bleibt.

Wenig überraschend dreht sich im Leben meiner Mutter alles ums Essen. Jede Unterhaltung beginnt mit der Frage: »Hast du schon gegessen?« Gut zu kochen bedeutet, Liebe, Freundlichkeit, Freundschaft und Mitgefühl zu zeigen – durch die Farben, den Geschmack und die Lebendigkeit der Gerichte.

Kräuter und Gemüse, die ein Gericht aufwerten, sind das Geheimnis der vietnamesischen Küche. Das perfekte Gleichgewicht aus süßen, sauren, scharfen, umami und bitteren Geschmacksrichtungen harmoniert mit verschiedenen Texturen und Temperaturen. Das macht die vietnamesische Küche so brillant und zu einer der köstlichsten Küchen überhaupt.

Stellen Sie sich die Begeisterung meiner Mutter vor, als sie in London zum ersten Mal Koriandergrün entdeckte; sie veranstaltete ein Teppichpicknick mit Sommerrollen und feierte mit Karaoke in voller Lautstärke. Als eine Freundin herausfand, dass es in Chinatown Pandanblätter gab, buken sie Geburtstagskuchen für alle und feierten eine Party. Irgendwann gab es in den Supermärkten auch Mangos oder grüne Papayas, und die Partys wurden immer aufwendiger.

Da ich in Großbritannien aufgewachsen bin, war ich oft zwischen den beiden Seiten meiner Identität hin- und hergerissen. Die eine war geprägt von gedämpften Desserts mit Pandangeschmack, und die andere bestand aus Papiertüten mit paniertem Schellfisch und salzigen, essigsauren Pommes frites. Da ich nie wusste, ob ich Vietnamesin oder Britin war, habe ich mich als Teenager über die Küche meiner Mutter geärgert, weil sie nicht das war, was alle anderen aßen. Aber gleichzeitig habe ich sie geliebt.

Im feuchten und nieseligen Hackney war der Duft von Sternanis und schwarzem Kardamon bereits zwei Straßen entfernt zu riechen, und eine Schüssel mit dampfend-heißen, köstlichen Nudeln begrüßte mich zu Hause. Meine Mutter zerpflückte Thaibasilikumblätter auf meiner *phở,* was die Brühe aus gebratenen Zwiebeln und Ingwer auf ein neues Niveau brachte. Sie presste gnadenlos jeden einzelnen Tropfen der ersten frischen Limette, die sie seit unserer Abreise aus Vietnam in die Hände bekam. Der exquisite Duft weckte Erinnerungen an meine Großmütter und Tanten, die mir oft eiskalte Limettensoda mit Erdbeeren (s. S. 186) servierten. Mit der übrig gebliebenen Limettenschale rieb meine Mutter sich sogar die Hände ein und pflegte ihr Haar. Nichts wurde jemals verschwendet. An Tagen, an denen meine Mutter viel zu tun hatte, roch ich diesen köstlichen, buttrigen, knoblauchhaltigen, mit goldenem Mais und grünen Erbsen gewürzten Eierreis, für den sie Reisreste und TK-Gemüse verarbeitete. Es ist der Geschmack von Zuhause und der Geschmack ihrer Liebe.

An Wochenenden, wenn meine Freunde zum Übernachten kamen oder wenn ich Geburtstag hatte, gab es ein Buffet mit knusprigen und perfekt gleichmäßigen Frühlingsrollen und knallgelben Kokosnuss-Crêpes. Meine Kindheitserinnerungen sind voll von den köstlichen Gerichten meiner Mutter, und als Köchin versuche ich ständig, mich an ihrer Küche zu orientieren – eine Mischung aus Instinkt und Übung; oft schnell, sparsam und perfekt ausgewogen. Bei den Rezepten in diesem Buch habe ich mich von ihren Prinzipien leiten lassen, indem ich viele vietnamesische Lieblingsgerichte auf eine vegetarische Variante umgestellt habe und einen Geschmack nach dem anderen hinzugefügt habe, so wie sie es mir beigebracht hat. Es war immer ihr Essen, das mir half, meinen Weg durch die Widrigkeiten des Lebens und meinen Weg zurück nach Hause zu finden.

ICH BIN KEINE VEGETARIERIN

Ich bin ein Fütterer, ein Esser, ein Alles-Esser. Ich liebe Gemüse und Kräuter. Wie viele andere versuche auch ich in letzter Zeit, meinen Fleischkonsum einzuschränken und Fleisch nach Möglichkeit aus nachhaltigen Quellen zu beziehen. Ich bin also Teilzeitvegetarierin, nicht nur, um etwas zu verändern, sondern weil es mir Spaß macht.

Für eine typische vietnamesische Mahlzeit bereite ich eine Handvoll vegetarischer Gerichte zu oder verarbeite mindestens vier verschiedene Pflanzen. Ich könnte ein ganzes Festmahl ausschließlich aus vegetarischen und veganen vietnamesischen Gerichten servieren. Ich bevorzuge viele traditionelle Rezepte ohne Fleisch oder übermäßige Mengen an Meeresfrüchten. Irgendwann hatte ich das Gefühl, all diese Rezepte aufschreiben zu müssen, denn es gibt unendlich viele Möglichkeiten, köstlich zubereitete Pflanzen zu essen.

VEGETARISCH VIETNAMESISCH

Obst, Gemüse, Kräuter und Hülsenfrüchte sind in der vietnamesischen Küche fest verwurzelt. Auf einem typisch vietnamesischen Tisch spielen Pflanzen eine große Rolle, und es gibt viele spannende Gemüsegerichte, die gemeinsam eine ausgewogene Mahlzeit ausmachen. Sie werden nicht als Beilage oder Extra betrachtet, sondern spielen eine unverzichtbare Rolle bei jeder Mahlzeit. Tofu gilt nicht als Ersatz für Fleisch oder Fisch, sondern wird um seiner selbst willen genossen. Vegetarische Gerichte werden nicht gegessen, weil man täglich fünf Portionen Obst und Gemüse essen sollte, sondern weil sie einfach lecker sind.

Obwohl es noch nicht lange üblich ist, sich aus gesundheitlichen, ethischen oder ökologischen Gründen zu 100 Prozent vegetarisch zu ernähren, sind viele Vietnamesen schon lange Teilzeitvegetarier, da der Buddhismus Teil der vietnamesischen Kultur ist und viele sich hin und wieder vegetarisch ernähren, um Achtsamkeit und Güte zu praktizieren.

Man sagt einfach *ăn chay* (vegetarisch essen) und es wird von Familie und Gesellschaft respektiert. Aber wir sind auch eine Nation, die ihren Fisch und ihr Fleisch liebt, und die Angst vor Verzicht ist letztlich groß. Daher gibt es immer vegetarische Versionen von beliebten fleischhaltigen Favoriten wie *phở*, denn niemand kann ohne sie leben. Niemand. Nicht einmal die Mönche.

Dieses Buch erhebt mit vegetarischen Versionen beliebter vietnamesischer Gerichte das Gemüse zum Helden. Zwei oder drei dieser Gerichte könnten Sie aber auch zu gebratenem Fisch servieren. Sie können sie unter der Woche, am Wochenende oder als Festessen genießen. Neben der leichten Zubereitung liegt mein Schwerpunkt auf Geschmack, Textur und Ausgewogenheit, sodass jedes Rezept als eigenständiges, genussvolles vegetarisches Gericht seine Liebhaber findet und selbst die größten Fleischfreunde nichts vermissen.

Natürlich steht nicht immer eine große Auswahl an vietnamesischen Kräutern und Gemüsen zur Verfügung, aber es gibt viele Möglichkeiten, leicht erhältliche Zutaten zu verwenden, und dennoch vietnamesisches Essen so zu genießen, wie es sein sollte. Erfrischende und umami-Aromen sind in Kräutern und Gemüse enthalten, sie werden ergänzt um Gewürze und Fermente aus dem Vorratsschrank und bilden so typische und traditionelle Gerichte nach.

HINWEISE ZU DIESEM BUCH

Ich liebe es, zu kochen und Rezepte zu entwickeln. Für dieses Buch konnte ich in der Küche so richtig kreativ werden, um allen vietnamesischen Geschmacksrichtungen gerecht zu werden und auf ausgewogene Texturen zu achten. Obwohl ich niemals Zugeständnisse beim Geschmack machen würde, koche ich gern unkompliziert und ohne viel Aufhebens. Ich mag es, in meinem Vorratsschrank und meinem (manchmal leeren) Kühlschrank zu stöbern, um zu sehen, was für ein schmackhaftes Gericht ich zaubern kann.

Es ist wirklich wichtig, dass Sie die Aromen Ihrer Gewürze und Zutaten aus dem Vorratsschrank kennen. Einige sind salziger, schärfer oder süßer als das, was ich verwende. Probieren Sie Ihre Gewürze immer aus und passen Sie die Dosierung an. Wenn ein Gewürz oder eine Zutat nicht verfügbar ist, versuchen Sie es mit etwas Ähnlichem. Um Ihnen dabei zu helfen, habe ich durchgehend Alternativen aufgeführt.

Wenn ich vegane Fischsauce schreibe, können Sie gern normale Fischsauce verwenden, wenn Sie ähnliche ethische Vorstellungen haben wie ich. Falls Sie keine vegane Fischsauce oder vegetarische Umamisauce haben, nehmen Sie eben Sojasauce. Fehlen Ihnen Limetten, verwenden Sie Zitrone oder Essig.

Sie werden feststellen, dass einige Rezepte eine recht lange Zutatenliste haben, aber lassen Sie sich davon nicht abschrecken; die Zubereitung ist meist einfach, oder es kommt alles in eine Pfanne. Manche Gerichte brauchen viele Aromen, andere wiederum sind gut, wenn sie schlicht sind.

Die meisten Rezepte beginnen mit einer oder zwei kleinen, runden Schalotten. Ich liebe sie, besonders die rosafarbene asiatische Variante. Eine kleine Schalotte ist sehr ergiebig und verleiht jedem Gericht ein wunderbares Aroma. Wenn Sie die rosa Schalotten nicht bekommen können, sind die braunen auch gut. Vermeiden Sie große Schalotten, es sei denn, sie sind vorgeschrieben. Viele Rezepte enthalten Knoblauch – seien Sie ruhig großzügig.

Wenn nicht anders angegeben, verwende ich für die meisten meiner Gerichte ein kaltgepresstes Rapsöl. Manchmal ist aber auch ein geschmacksneutrales Speiseöl wie Sonnenblumenöl besser. Andere Öle tragen viele eigene Aromen in sich, die ein Gericht verfälschen können.

Ich empfehle Ihnen, die Rezepte zunächst genau nachzukochen, um ein Gefühl für die ausgewogenen Aromen und Texturen zu bekommen, bevor Sie mit ihnen experimentieren. Ich bin mir bewusst, dass nicht immer alles auf Anhieb verfügbar ist, aber ich glaube, dass Sie mit diesem Buch als Leitfaden Ihre eigenen köstlichen Gerichte entwickeln können.

Bevor Sie ein Gericht zubereiten, prüfen Sie die Zutatenliste, lesen Sie sich die Zubereitungsmethode vollständig durch und organisieren Sie Ihre Arbeitsfläche in der Reihenfolge der Verwendung. Während bestimmte Zutaten garen, können Sie spätere Schritte vorbereiten. Das spart Zeit.

Ich habe die Zubereitungs- und Kochzeiten geschätzt und aufgerundet, um Ihnen grobe Anhaltspunkte zu geben.

Die verwendeten Zutaten passen meiner Meinung nach gut zusammen, aber Sie können Kräuter und Gemüse gern ersetzen; verwenden Sie, was Sie zur Verfügung haben. Schmecken Sie immer und immer und immer wieder ab, um das perfekte Gleichgewicht der Aromen zu erreichen.

GRUNDZUTATEN

Ich habe gern alle wichtigen Gewürze vorrätig, so kann ich die Aromen nach und nach zugeben und dadurch meinen Gerichten mehr Tiefe und die vietnamesische Identität verleihen, die Tradition mit Modernität verbindet.

Die kleinen Gläser und Flaschen sind sowohl Grundbausteine als auch Beiwerk meiner Rezepte. Wenn Sie es sich leisten können, mit verschiedenen Marken und Sorten zu experimentieren, dann wird die Grundlage Ihrer Kochkunst immer stärker und besser, je mehr Sie kochen.

Vieles können wir zu Hause selbst machen, wie etwa am Wochenende innerhalb einer Stunde eine selbst gemachte Brühe zubereiten, damit sie uns die Woche über zur Verfügung steht und wir später beim Kochen Zeit sparen. Ich röste gern meine eigenen Sesamkörner, denn nichts geht über den Duft, der direkt aus der heißen Pfanne kommt, oder ich brate mehrere Schalotten für eine knusprige Note in jedem Gericht vor. Gern mache ich auch meine eigene vegane Fischsauce (s. S. 193) oder eigenes Zitronengras-Chili-Öl (s. S. 210), um ein Gericht zu verfeinern. Es gibt wirklich nichts Besseres, als solche Zutaten selbst zu machen, wenn man die Zeit und die Mittel dazu hat.

Es gibt jedoch einige großartige Fertigprodukte, die für viel Geschmack sorgen. Dies sind meine unverzichtbaren Basics:

- Meersalz
- Sojasauce
- vegetarische Umamisauce
- vegetarische Austernsauce
- Crispy Chiliöl
- Ahornsirup
- Apfelessig
- Kokoswasser
- Kokosmilch
- Jasminreis
- verschiedene Nudelsorten

LEE KUM KEE
MUSHROOM
VEGETARIAN
TIR-FRY SAUC
SAVOY
COCONUT CREAM
Pandan
ORGANIC
AHINI
300g
Epicure
PLE SYRUP
Farringtons
mell
yel
Rapese
Oil
340g
BLACK BEAN RĀYU

AUS DEM VORRATSSCHRANK

Salzig/Umami

Chinesische helle Sojasauce, vegetarische Austernsauce, Pilzgewürz, Nährhefe, fermentierter Tofu, Miso, schwarze Bohnensauce, vegetarische Würzpaste, Perillasauce, pikante Bohnensauce, Crispy Chiliöl, vegane Würzsauce (ich nehme die eines bekannten Schweizer Herstellers), vegetarische Umamisauce, vegane Fischsauce

Süß

Zucker, Ahornsirup, Agavendicksaft, Honig, Kokosblütenzucker, Palmzucker, Kandiszucker, Dattelsirup, Mirin, süße Chilisauce

Sauer

Apfelessig, Reisweinessig, Weißweinessig, schwarzer Essig, Ponzu, Yuzu

Bitter

Senf, Sake, Ponzu

Scharf

Chilisaucen, Chiliöle, Chilipulver, Chiliflocken. In vietnamesischen Familien essen Kinder immer mit. Daher werden scharfe Gewürze erst nach dem Kochen bei Tisch zugegeben. In meinen Rezepten sind Chilis meist mit »nach Belieben« gekennzeichnet.

KRÄUTER UND GEWÜRZE

Bei einem Nudelsalat oder Salatwraps ist es üblich, eine gute Auswahl an duftenden Kräutern zu servieren, die jedem Bissen besonderen Geschmack und Textur verleihen. Die meisten Kräuter bleiben frisch, wenn Sie sie 30–60 Minuten in eine Schüssel mit Wasser legen, egal, ob Sie sie ganz lassen oder sie entstielen. Waschen und trocknen Sie sie in einer Salatschleuder. Alternativ schütteln Sie das Wasser ab und legen die Kräuter auf ein sauberes Geschirrtuch, um sie vollständig zu trocknen, wobei Sie sie gelegentlich wenden. Bewahren Sie sie in einem luftdichten Behälter im Kühlschrank auf. Thaibasilikum ist die Ausnahme; lassen Sie die Stiele dran und waschen Sie ihn am besten erst wenige Minuten vor der Verwendung.

Kräuter

vietnamesischer Koriander, vietnamesische Melisse, Perilla (*shiso*), Sägezahnkoriander (Thaipetersilie), Thaibasilikum, Schnittknoblauch, Fischminze, Betelblätter (gekocht), Gartenminze, Beifußblätter

Fürs Aroma

Zitronengras, frischer Ingwer, Schalotten, Knoblauch

NICHTVEGETARISCHE PRODUKTE

Da ich selbst nicht Vegetarierin bin, verwende ich Fischsauce in meiner Küche, einfach weil sie alle Geschmacksnerven anspricht und ich sie liebe. Fischsauce ist das Grundnahrungsmittel der vietnamesischen Küche. Wenn Sie also wie ich kein echter Vegetarier sind, verwenden Sie Fischsauce, wenn Sie das möchten. Für meine Rezepte empfehle ich hausgemachte Gemüsebrühe (s. S. 196), Gemüsebrühwürfel, Pilzgewürz oder vegetarische Austernsauce, aber natürlich können Sie auch frische Hühnerbrühe verwenden, wenn Sie diese zur Hand haben. Ich bin der festen Überzeugung, dass man das verwenden sollte, was man gerade hat, um nichts wegzuwerfen. Verlassen Sie sich auf Ihren Instinkt und Ihren Geschmackssinn, wenn Sie eine Zutat austauschen oder ersetzen müssen. Manchmal gebe ich in meinen Rezepten auch Ghee, Eier und Honig an. Sie können diese durch vegane Alternativen ersetzen oder weglassen.

KÜCHENTIPPS UND -UTENSILIEN

Eine gute Organisation ist immer von Vorteil, auch auf Ihrer Arbeitsfläche. Legen Sie die noch zu verwendenden Zutaten auf eine Seite und die benutzten auf eine andere. Vorbereitung ist das A und O. Räumen Sie während der Arbeit hinter sich auf.

- Erleichtern Sie sich die Vorbereitung, indem Sie in ein gutes Kochmesser, ein Messer mit Wellenschliff, eine Küchenschere und ein paar Schneidebretter investieren – ich habe ein großes Holzbrett, auf dem ich das vorbereitete Gemüse ablegen kann, während ich arbeite.

- Gemüseschalen, -reste und -abfälle können zur Zubereitung von Gemüsebrühe verwendet werden. Danach können Sie die Reste kompostieren.

- Investieren Sie in unterschiedlich große Glasbehälter, um vorbereitete Zutaten und Reste aufzubewahren. Dank der Deckel können Sie auf Frischhaltefolie verzichten. Ich bewahre alle gekauften Gläser auf und versuche, Plastikbehälter wiederzuverwenden. Erst wenn sie kaputt sind, bringe ich sie zum Recycling.

- Dies sind die Utensilien, die ich am nützlichsten finde: Kochstäbchen, Schaumkelle, Holzspatel, Silikonspatel, Suppenkelle, großer Kochlöffel, Zange, Sieb, Thermometer, Gemüseschäler, Juliennereibe, kleiner und großer Messbecher.

- In meiner Küche brauche ich einen gut eingebrannten Wok, eine kleine Auswahl an Töpfen und Pfannen mit Deckeln, einen Bambusdämpfer und eine Auflaufform.

- Wenn oft Reis auf dem Speiseplan steht, ist ein guter Reiskocher ein Muss, denn er kocht energiesparend. Übrig gebliebene Speisen wärme ich in der Mikrowelle auf.

- Ein Wasserkocher beschleunigt die Kochzeit. Wenn Sie Wasser auf dem Herd aufkochen, bitte nur mit Deckel.

- Eine Uhr oder ein Küchentimer (Sie können auch den Timer Ihres Smartphones nutzen) ist ideal, um die Kochdauer im Blick zu halten.

ESSEN ZUM SPASS:

EINS

SNACKS UND MEHR

Das gemeinsame Essen ist ein Herzstück der vietnamesischen Kultur, und *ăn chơi* (spielerisch oder mit Freude zu essen) bedeutet immer auch, dass man sich selbst etwas Gutes tut: Man macht sich und anderen ein unterhaltsames Geschenk in Form von Essen. Die Vietnamesen glauben, dass ein solches Essen die Nähe und Verbundenheit zueinander stärkt. Das gilt für eine ganze Reihe von Gerichten, nicht nur für Snacks.

Ich liebe es, am Wochenende ein Festmahl zu veranstalten, bei dem mir meine Freunde helfen, Teigtaschen zu falten und Gemüse zu schneiden. Wenn Freunde in der Küche helfen, kommt man einander näher. Meine Mutter lässt ihre Freundinnen Kräuterblätter von den Stängeln zupfen oder Teigtaschenformen ausschneiden, während andere sich in einem anderen Raum versammeln (mit zuvor zubereiteten Snacks) und mit viel Gefühl und Inbrunst in die Karaokemikrofone singen. Die Musik ist laut, das mögen sie. In Vietnam dröhnt sogar in Zügen und Bussen Musik aus den Lautsprechern.

Wenn wir einen Ausflug machten, packte meine Mutter immer eine große Tasche mit Essen: in Bananenblätter eingewickelten Klebreis, Teigtaschen, Sommerrollen, *bánh mì* und immer einen kalten Nudelsalat oder gebratenen Reis. Von all dem nicht genug zu haben, wäre »*rất buồn*« (sehr traurig), und das gilt es immer zu vermeiden. Manchmal, wenn wir in einer schönen, friedlichen, grünen Landschaft ankamen, sagte sie »*đẹp* ...« (schön) und dann »*có vẻ cô đơn*« (scheint einsam zu sein). Also fuhren wir wieder nach Hause.

Meine Familie in Vietnam isst gern mit anderen zusammen, und es scheint mir, dass ihr ganzes Dasein vom Zusammensein und Essen abhängt; daher schwelgen sie immer in *ăn chơi* – Essen zum Spaß.

Die wahre Bedeutung und Kraft von *ăn chơi* entdeckte ich während meiner Kunstschulzeit am Central Saint Martin's in Soho in den späten 1990er-Jahren. Ich traf mich mit meinen ausgehungerten Kommilitonen in einem Café in Chinatown, das billige Reisgerichte servierte. Es war köstlich und so lustig! Wir besiegelten unsere Freundschaft bei blanchiertem *choi sum* und kostenlosem Jasmintee. Ich brachte goldene Milchbrötchen mit Kokospudding und Pandanbiskuits mit in den Unterricht. Wir teilten diese Snacks und schlossen Freundschaften, die bis heute halten.

TEIGTASCHEN MIT KOHL, TOFU UND KIMCHI

HÁ CẢO CHAY

Gemüse sollte immer noch etwas Biss haben. Daher hacke ich es gern mit dem Messer, aber natürlich können Sie gebratene Gemühsereste auch mit Schalotten, Knoblauch und Ingwer pürieren und den Tofu unterheben. Diese Teigtaschen können gebraten, frittiert, gedämpft oder pochiert werden. Sie können sie auch einfrieren, um sie später zu genießen. Dann garen Sie sie, ohne sie vorher aufzutauen.

Ergibt ungefähr 25 Stück
Vorbereitungszeit — 35 Minuten
Kochzeit — 20–30 Minuten

Zum Würzen

1 EL Sojasauce
1 TL Agavensirup
1 TL Ponzu (Sauce auf Zitrusbasis) oder Apfelessig
1 EL Shaoxing-Reiswein oder anderer Reiswein

Für die Füllung

1 EL Ghee oder Pflanzenöl
1 Schalotte, fein gehackt
2 Knoblauchzehen, zerdrückt
5 g frischer Ingwer, fein gehackt
30 g Weißkohl, fein gehackt oder geschnitten
30 g Spargel, in 5 mm dünne Scheiben geschnitten
30 g Erbsen (frisch oder TK, aufgetaut) oder Edamame
190 g mittelfester Tofu, ausgedrückt und püriert
100 g Kimchi, grob gehackt
1 Prise weißer Pfeffer
½ TL Pilzgewürz

Für die Teigblätter

1 EL Speisestärke
25 japanische Gyoza- oder Wantanblätter (TK, aufgetaut) oder hausgemachte Teigblätter (s. S. 195)
2 EL Rapsöl

Dips nach Belieben (s. S. 212)

Shisodressing
Sojasauce mit Ponzu
Sojasauce mit Yuzusenf

Alle Zutaten zum Würzen in einer kleinen Schüssel verrühren und beiseitestellen.

Ghee oder Öl in einer Pfanne erhitzen. Die Schalotte darin bei mittlerer Hitze etwas Farbe annehmen lassen. Knoblauch und Ingwer zugeben und einige Minuten braten. Weißkohl, Spargel, Erbsen oder Edamame, Tofu und Kimchi zugeben. Mit Pfeffer, Pilzgewürz und der Würzmischung abschmecken. Etwa 5 Minuten unter Rühren braten und abkühlen lassen. Auspressen und alle Flüssigkeiten abgießen.

Ein Holzbrett mit der Speisestärke bestäuben. Ein Teigblatt nehmen und den Rand einer Hälfte mit etwas Wasser befeuchten. Nun 1 TL Füllung in die Mitte legen, das Teigblatt zu einem Halbmond zusammenfalten und dabei die Luft herausdrücken. Dann den Rand alle 5 mm falten. Dabei sollten etwa 5–7 Falten entstehen. Die Teigtasche auf das Brett legen und den Boden flach drücken. Diesen Vorgang wiederholen, bis alle Zutaten aufgebraucht sind.

Das Öl in einer Pfanne erhitzen. Die Teigtaschen mit einem Abstand von 1 cm nebeneinander in die Pfanne legen, den Deckel auflegen und bei mittlerer Hitze 5 Minuten braten. Dann 150 ml kochendes Wasser zugießen, den Deckel wieder auflegen und weitere 5 Minuten garen, bis das Wasser verdampft ist. Den Deckel abnehmen und noch einmal 3–5 Minuten braten, bis die Teigtaschen unten goldbraun sind.

Alternativ die Teigtaschen frittieren: Eine Pfanne 2,5 cm hoch mit Öl füllen, das Öl auf 140 °C erhitzen und die Teigtaschen etwa 5 Minuten frittieren, bis sie goldbraun und knusprig sind.

Warm mit einem Dip nach Wahl servieren. Wenn Sie nicht warten können, bis die Dips fertig sind, können Sie die Teigtaschen auch mit einem Spritzer Sojasauce und etwas Sriracha naschen.

HINWEIS

Die Teigtaschen schmecken auch in einer heißen Brühe oder Nudelsuppe. Für die Füllung können Sie jedes Gemüse verwenden, das Sie gerade zur Hand haben: Wasserkastanien aus der Dose, TK-Gemüse wie Mais, Kürbis, Topinambur usw. Wichtig ist, dass Sie die gesamte Flüssigkeit aus der Füllung pressen.

GEBRATENE TEIGTASCHEN MIT BLUMENKOHL UND AUBERGINE

HÁ CẢO NHÂN CÀ TÍM VÀ BÔNG CẢI TRẮNG

Bei Füllungen für Teigtaschen bin ich gern kreativ – es gibt so viele Möglichkeiten. Hier verwende ich mein Lieblingsgemüse, zusammen mit der würzigen Schärfe von gekauftem Kimchi oder selbst eingelegten Senfblättern (s. S. 207). Für eine gehaltvollere Mahlzeit genieße ich die Teigtaschen auf einem Bett aus saisonalem Grün, wie z. B. Mönchsbart (im Bild) oder Meerfenchel, die einfach mit Knoblauch und Ingwer in der Pfanne gebraten wurden. Die Teigtaschen können gebraten, gedämpft oder pochiert werden.

Ergibt etwa 25 Stück
Vorbereitungszeit — 35 Minuten
Kochzeit — 45 Minuten

¼ Blumenkohl, in 1 cm große Röschen geschnitten
130 g Aubergine
3½ EL Rapsöl
1 Prise Meersalz
60 g Lauch, in dünne Ringe geschnitten
10 g frischer Ingwer, fein gehackt
40 g eingelegte Senfblätter (s. S. 207) oder Kimchi, ausgedrückt und in 1 cm kleine Stücke gehackt
1 EL Sojasauce
2 TL schwarzer Essig
20 g Schnittknoblauch, in 1 cm lange Stücke geschnitten
1 Prise Speisestärke
25 japanische Gyoza- oder Wantanblätter (TK, aufgetaut) oder hausgemachte Teigblätter (s. S. 195)

Zum Servieren (nach Belieben)

Sojasauce
Crispy Chiliöl (aus dem Asialaden)
Bett aus Brunnenkresse oder Feldsalat
gebratener Mönchsbart
gebratener Meerfenchel
Auswahl an Dressings (s. S. 212)

Den Backofen auf 200 °C (Umluft) vorheizen.

Blumenkohl und Aubergine auf ein Backblech geben, mit 1 EL Öl beträufeln und mit Meersalz würzen. Das Gemüse 25 Minuten im Ofen rösten. Das Fruchtfleisch der Aubergine mit einem Löffel aus der Schale lösen (die Schale wegwerfen) und fein hacken.

In einer Pfanne 1 EL Öl erhitzen. Lauch und Ingwer darin bei mittlerer Hitze kurz anbraten, dann Blumenkohl, Aubergine und Senfblätter oder Kimchi zugeben.

Sojasauce und Essig untermischen und weitere 4 Minuten braten. Vom Herd nehmen und den Schnittknoblauch unterrühren, dann in eine Schüssel geben und auf Zimmertemperatur abkühlen lassen.

Ein Holzbrett mit der Speisestärke bestäuben. Ein Teigblatt nehmen und den Rand einer Hälfte mit etwas Wasser befeuchten. Nun 1 TL Füllung in die Mitte legen, das Teigblatt zu einem Halbmond zusammenfalten und dabei die Luft herausdrücken. Dann den Rand alle 5 mm falten. Dabei sollten etwa 5–7 Falten entstehen. Die Teigtasche auf das Brett legen und den Boden flach drücken. Diesen Vorgang wiederholen, bis alle Zutaten aufgebraucht sind.

Das restliche Öl (1½ EL) in einer Pfanne erhitzen. Die Teigtaschen mit einem Abstand von 1 cm nebeneinander in die Pfanne legen, den Deckel auflegen und bei mittlerer Hitze 5 Minuten braten. Dann 150 ml kochendes Wasser zugießen, den Deckel wieder auflegen und weitere 5 Minuten garen, bis das Wasser verdampft ist. Den Deckel abnehmen und noch einmal 3–5 Minuten braten, bis die Teigtaschen unten goldbraun sind.

Mit Sojasauce und Crispy Chiliöl servieren oder auf einem Bett aus schmackhaftem grünen Blattgemüse anrichten und ein Dressing nach Wahl (s. S. 212) dazu reichen. Diese Teigtaschen schmecken auch köstlich in einer *bánh-canh*-Nudelsuppe (s. S. 144) oder einer Nudelsuppe aus dem Süden (s. S. 146).

TAPIOKA-TEIGTASCHEN MIT SÜSSER LIMETTE

BÁNH BỘT LỌC CHAY

Auf die Idee zu diesen weißen Teigtaschen brachte mich eine berühmte Streetfoodspezialität mit Garnelen aus Phan Thiết. Die Teigtaschen sind ein absoluter Hochgenuss. Ihr Geheimnis ist die geschmeidig weiche Teighülle und das einfache, aber großartige Dressing. Verarbeiten Sie den Teig rasch und mit frisch gekochtem Wasser. Wenn Sie Fischsauce essen, ist dies das Rezept, in dem Sie sie verwenden sollten. Sie können die Teigtaschen hervorragend als Vorspeise für Dinnerpartys vorbereiten und kurz vor dem Servieren kochen.

Für 2–4 Personen als Vorspeise
Ergibt 20 Stück
Vorbereitungszeit — 30 Minuten
Kochzeit — 10 Minuten

Für die Füllung

1 EL Pflanzenöl
1 Knoblauchzehe, fein gehackt
50 g Karotte, in 5 mm kleine Würfel geschnitten
40 g Blumenkohl, in 5 mm kleine Würfel geschnitten
40 g Okra, in 5 mm dünne Scheiben geschnitten
40 g Zuckerschoten, in 5 mm schmale Streifen geschnitten
¼ TL Meersalz
¼ TL Zucker
½ TL Nährhefe

Für das Frühlingszwiebelöl

4 EL Öl
5 Frühlingszwiebeln, weiße und grüne Teile, in dünne Ringe geschnitten
1 Prise Meersalz

Für die süße Limettensauce

Saft von ½ Limette
2 EL Zucker
2 EL vegetarische Umamisauce, vegane Fischsauce (s. S. 193) oder Sojasauce
1 Vogelaugenchili, schräg in feine Streifen geschnitten

Für den Teig

100 g Tapioka, plus 20 g zum Bestäuben

Das Öl in einer Pfanne erhitzen. Den Knoblauch darin bei mittlerer Hitze braten, bis er goldbraun ist. Karotte, Blumenkohl, Okra und Zuckerschoten zugeben. Mit Salz, Zucker und Nährhefe abschmecken. Das Gemüse 3 Minuten braten, dann vom Herd nehmen und abkühlen lassen.

Für das Frühlingszwiebelöl das Öl in einem kleinen Topf erhitzen. Frühlingszwiebeln und Salz zugeben. Bei schwacher Hitze unter gelegentlichem Rühren etwa 3 Minuten braten, bis die Zwiebeln weich sind. Dann vom Herd nehmen.

Die Zutaten für die Limettensauce verrühren und die Sauce auf einzelne Schälchen verteilen.

Für den Teig die Tapioka in eine Schüssel geben. Langsam 65 ml kochendes Wasser zugießen, dabei mit einem Holzlöffel immer in dieselbe Richtung rühren, bis ein glatter Teig entsteht. Den warmen Teig rasch mit den Händen zu einer weichen Kugel verkneten. Zu einer Wurst rollen und halbieren. Jede Hälfte in 10 Stücke (à 10–12 g) schneiden.

Die Arbeitsfläche mit Tapioka bestäuben. Ein Stück Teig darauflegen und mit dem Nudelholz zu einem 3 mm dünnen und 8 cm großen Kreis ausrollen. Nun 1 TL der Füllung daraufgeben, das Teigblatt zu einem Halbmond zusammenfalten und diesen an den Rändern zusammendrücken. In einen luftdicht verschließbaren Behälter legen und den Vorgang wiederholen, bis Teig und Füllung aufgebraucht sind.

Wasser in einem Topf aufkochen und die Teigtaschen nacheinander vorsichtig hineingeben. Gegebenenfalls portionsweise arbeiten, damit der Topf nicht zu voll wird. Die Teigtaschen dürfen nicht aneinanderkleben – am besten hält man sie mit Kochstäbchen getrennt. Sobald sie nach etwa 3 Minuten an die Oberfläche kommen, noch 1 Minute kochen, dann mit einem Schaumlöffel herausheben und auf einen Servierteller geben. Mit dem Frühlingszwiebelöl beträufeln und im Öl wenden, damit sie nicht aneinanderkleben. Sofort mit der süßen Limettensauce servieren.

HINWEIS

Der Trick beim Teig ist, so schnell wie möglich zu sein. Halten Sie einen Holzlöffel zum Rühren bereit und rühren Sie, sobald Sie das kochende Wasser zugießen. Kneten Sie mit den Händen so rasch wie möglich. Verlieren Sie keine Zeit.

WANTANS MIT SÜSSKARTOFFEL UND WASSERKASTANIEN

HOÀNH THÁNH CHAY

Es gibt nichts Schöneres, als mit einem geliebten Menschen eine Portion Wantans zuzubereiten und sich dabei über alles Mögliche zu unterhalten. Die Ruhe und Gemütlichkeit überträgt sich in der Regel auf die Falten und Fältchen. Diese Wantans schmecken frittiert, gekocht oder gedämpft. Sie können mit viel Sauce und blanchiertem Gemüse oder als Topping in köstlichen Nudelsuppen genossen werden.

Ergibt etwa 24 Stück
Vorbereitungszeit — 40 Minuten
Kochzeit — 40 Minuten

Für die Perilla-Essig-Sauce

1½ EL schwarzer Essig
3 EL Perillasauce oder 2 EL Sojasauce
1 EL Ahornsirup
2 TL Crispy Chiliöl (aus dem Asialaden)

Für die Wantans

200 g Blumenkohl, in 1 cm große Röschen geschnitten
300 g Süßkartoffel oder Kürbis, geschält und in 1 cm große Würfel geschnitten
1 EL Rapsöl
80 g Edamame, Spargel oder grüne Bohnen, in 5 mm kleine Würfel geschnitten
80 g Wasserkastanien, in 5 mm kleine Würfel geschnitten
1 EL Sushi-Ingwer, fein gehackt
3 Frühlingszwiebeln, in dünne Ringe geschnitten
¾ TL Meersalz
1 TL Sesamöl
1 EL Speisestärke
1 Packung Wantanblätter (8 × 8 cm)

Zum Frittieren

Öl, etwa 5 cm hoch in einem Wok

Zum Kochen

1 EL Sesamöl

Zum Servieren

Frühlingszwiebel, in Ringe geschnitten

Den Backofen auf 200 °C (Umluft) vorheizen.

Alle Zutaten für die Perilla-Essig-Sauce verrühren und beiseitestellen.

Blumenkohl und Süßkartoffel getrennt voneinander auf ein Backblech geben. Mit dem Öl beträufeln und sorgfältig darin wenden. 25 Minuten im Ofen rösten.

Das geröstete Gemüse leicht abkühlen lassen und die Süßkartoffel in einer Schüssel grob zerstampfen. Blumenkohl, Edamame, Wasserkastanien, Sushi-Ingwer und Frühlingszwiebeln zugeben. Salz und Sesamöl hinzufügen und alles gut vermischen.

Ein Holzbrett mit der Speisestärke bestäuben. Ein Wantanblatt auf die Handfläche legen und 1 EL der Füllung in die Mitte geben. Das Blatt zu einem Dreieck falten, die Ränder in Falten legen und zusammendrücken und den Wantan auf das Holzbrett geben. Den Vorgang wiederholen, bis alle Zutaten aufgebraucht sind. So eignen sich die Wantans besonders zum Braten.

Wenn Sie die Wantans pochieren möchten, falten Sie sie zu »Goldsäckchen«, indem Sie sie zu einem Dreieck zusammenklappen und dann die Seiten nach innen drücken, bis sich die Ränder oben zusammenziehen.

Zum Frittieren

Das Öl auf 160 °C erhitzen und die Wantans portionsweise etwa 3 Minuten von jeder Seite frittieren, bis sie goldbraun sind. Auf Küchenpapier abtropfen lassen.

Zum Pochieren

Die Wantans in einen Topf mit kochendem Wasser geben und etwa 4 Minuten garen. Sobald sie an die Oberfläche kommen, noch 1 Minute kochen. Abgießen und vorsichtig im Öl wenden.

Zum Servieren

Die Wantans auf einen Teller legen, mit der Perilla-Essig-Sauce beträufeln und mit Frühlingszwiebelringen bestreuen.

Die Wantans passen gut zur Nudelsuppe aus dem Süden (s. S. 146), zur *bánh-canh*-Nudelsuppe (s. S. 144) oder zur hausgemachten Gemüsebrühe (s. S. 196) mit Kräutern und Frühlingszwiebeln.

GEMÜSE-CURRY-PASTETEN

BÁNH PATÊ SÔ CÀ RI CHAY

Die heißen Pasteten, nach dem französischen *pâté chaud* in Vietnam *bánh patê sô* genannt, werden traditionell zu einem Bier oder auch zu einer Tasse Kaffee gegessen. Sie werden in den verkehrsreichen Straßen Saigons überall angeboten, aber ich habe in Vietnam noch keine mit Curry gefüllten Pasteten gesehen, daher sind diese eher aus meiner Vorliebe für vegetarische *samosas* entstanden. Sie eignen sich hervorragend für Partys, Picknicks, Lunchpakete und zum Naschen.

Ergibt 12–15 Stück
Vorbereitungszeit — 30 Minuten
Kochzeit — 45 Minuten

1 EL Rapsöl
1 kleine runde Schalotte, grob gehackt
2 Knoblauchzehen, grob gehackt
1 rote Zwiebel, gewürfelt
60 g Karotte, in 1 cm große Würfel geschnitten
60 g Kartoffel, in 1 cm große Würfel geschnitten
60 g Spargel, in 1 cm große Würfel geschnitten
120 g Blumenkohl, in 2 cm große Röschen zerteilt
2 EL vietnamesisches oder mildes Currypulver
1 EL Nährhefe
Meersalz und frisch gemahlener schwarzer Pfeffer
1 Handvoll Edamame (TK) oder Erbsen (TK)
150 ml Kokosmilch
1 TL Speisestärke
750 g Blätterteigplatten (TK, aufgetaut)
1 Ei, verquirlt
1 TL Chiliflocken (nach Belieben)

Außerdem
Ausstechform (Ø 8 cm)

Den Backofen auf 200 °C (Umluft) vorheizen und ein Backblech mit Backpapier belegen.

Das Öl in einer Pfanne erhitzen. Schalotte und Knoblauch darin bei mittlerer Hitze braten, bis sie Farbe angenommen haben. Rote Zwiebel, Karotte, Kartoffel, Spargel und Blumenkohl zugeben und 5 Minuten braten. Mit Currypulver, Nährhefe, Salz und Pfeffer anbraten. Edamame oder Erbsen zugeben und weitere 2 Minuten braten. Die Kokosmilch unterrühren und noch einmal 5 Minuten köcheln lassen.

Die Speisestärke mit 2 EL Wasser verrühren und gleichmäßig unter die Füllung rühren, um die Sauce einzudicken. Noch 1 Minute köcheln und dann abkühlen lassen.

Die Teigplatten mit einem Nudelholz auf etwa 5 mm Dicke ausrollen und mit einer runden Ausstechform einen 8 cm großen Kreis ausstechen. Dann 2 EL der Füllung auf eine Hälfte des Kreises geben und die andere darüberfalten. Die Ränder mit einer Gabel fest zusammendrücken. Diesen Vorgang wiederholen, bis Teigblätter und Füllung verbraucht sind. Die Pasteten mit Ei bepinseln und nach Belieben mit Chiliflocken bestreuen.

Die Pasteten 25 Minuten im Ofen backen, bis sie goldbraun sind. Vor dem Servieren 10 Minuten auf einem Kuchengitter abkühlen lassen.

HINWEIS

Die Pasteten können lauwarm oder heiß serviert werden.

»CHICKEN WINGS« AUS TOFUKNOTEN

TÀU HỦ KI - CÁNH GÀ CHIÊN NƯỚC MẮM CHAY

Diese »Chicken Wings« sind eine köstliche Vorspeise oder ein Partysnack und schmecken auch fantastisch zu einem Vermicelli-Nudelsalat. Ergänzt durch süße Früchte spielen sie das perfekte vietnamesische Gleichgewicht von süß, sauer, umami und scharf aus.

Für 2 Personen
Vorbereitungszeit — 15 Minuten
Einweichzeit — 1 Stunde
Kochzeit — 15–20 Minuten

12–15 getrocknete Tofuknoten, 1 Stunde in heißem Wasser eingeweicht
4 EL Rapsöl

Für die Panade

60 g Speisestärke
¼ TL gemahlene Kurkuma
½ TL gemahlener Ingwer
¼ TL Zucker
1 Prise Meersalz

Für die Butter-Aprikosen-Sauce

1 EL Ghee oder Butter
1 Knoblauchzehe, fein gehackt
2 Vogelaugenchilis, fein gehackt
1 EL Aprikosenkonfitüre
1 EL vegane Fischsauce (s. S. 193)

Zum Servieren

abgeriebene Schale und Saft von ½ Bio-Limette
geröstete Sesamsamen
10 g Korianderblätter, grob gehackt
2 Frühlingszwiebeln, in Ringe geschnitten
1 Vogelaugenchili, schräg in Ringe geschnitten

HINWEIS

Sie können die Aprikosenkonfitüre auch durch Orangen- oder Grapefruitmarmelade ersetzen. Wenn Sie keine Tofuknoten finden, verwenden Sie mittelfesten Tofu oder verschiedene Gemüsesorten wie Süßkartoffel-, Kürbis-, Auberginen- oder Zucchinistreifen.

Die Tofuknoten nach dem Einweichen 10 Minuten in einem Sieb abtropfen lassen.

In der Zwischenzeit alle Zutaten für die Panade auf einem großen Teller verrühren. Die noch feuchten Tofuknoten gründlich in der Panade wenden, bis alle Kanten und Falten überzogen sind.

In einer Pfanne 2 EL Öl erhitzen. Die Tofuknoten darin bei mittlerer Hitze etwa 5 Minuten von einer Seite braten. Wenden, das restliche Öl zugeben und 5 Minuten von der anderen Seite braten, bis sie rundum goldbraun sind. Auf Küchenpapier abtropfen lassen. Sie können im Backofen bei 70 °C (Umluft) bis zu 1 Stunde warm gehalten werden.

Für die Sauce Ghee oder Butter in einem kleinen Topf zerlassen. Den Knoblauch darin bei mittlerer Hitze braten und etwas Farbe annehmen lassen. Chilis, Aprikosenkonfitüre und Fischsauce zugeben und alles gut verrühren. Einige Minuten köcheln, bis die Konfitüre vollständig aufgelöst ist.

Die gebratenen Tofuknoten auf einem großen Teller anrichten und mit der Aprikosensauce übergießen. Mit Limettensaft beträufeln und mit Sesamsamen, Koriander, Frühlingszwiebeln, Limettenschale und Chili bestreuen.

VIETNAMESISCHE TEIGSTANGEN

QUẨY

Man isst sie frisch aus der Fritteuse als Snack, dippt sie zum Frühstück in Reisbrei oder am späten Abend in eine Nudelsuppe. Wie ein köstlicher Schwamm saugen diese Teigstangen alle Brühen und Säfte auf. Man kann sie auch in gezuckerte Kondensmilch tauchen und wie einen Krapfen mit Zucker umhüllen oder mit einer Schere klein schneiden und über einen Salat streuen. Morgens, mit einer frischen Tasse heißer, selbst gemachter Sojamilch (s. S. 183) liebe ich sie ganz besonders.

Ergibt 8 Stück
Vorbereitungszeit — 30 Minuten
Ruhezeit — 2–4 Stunden bei Zimmertemperatur oder über Nacht im Kühlschrank
Kochzeit — 20 Minuten

1 TL Zucker
1 TL Trockenhefe
2 TL Rapsöl, plus mehr zum Frittieren
200 g Mehl Type 550, plus mehr zum Bestäuben
1 TL Backpulver
1 TL Meersalz

Außerdem
Küchenthermometer

180 ml warmes Wasser (45 °C) in einem Messbecher zügig mit Zucker und Hefe verrühren. 10 Minuten bei Zimmertemperatur quellen lassen. Dann 2 TL Rapsöl unterrühren.

Mehl, Backpulver und Salz in einer Rührschüssel vermischen. Die Hefemischung hinzugießen und mit dem elektrischen Handrührgerät einarbeiten. Mit dem Knethaken 5–8 Minuten auf niedriger Stufe kneten. Der Teig kann auch mit einem Küchenspatel vermischt und 5 Minuten mit den Händen geknetet werden.

Den Teig je nach Temperatur 2–4 Stunden bei Zimmertemperatur oder über Nacht im Kühlschrank in einem großen, luftdicht verschlossenen Behälter gehen lassen. Er sollte sein Volumen vervierfachen und sehr klebrig werden. Die Hände mit Mehl bestäuben und den Teig kräftig und kurz durchkneten. Vor der weiteren Verarbeitung noch 1 Stunde bei Zimmertemperatur ruhen lassen.

Den Teig auf eine gut bemehlte Arbeitsfläche legen und von nun an rasch arbeiten, da er gern wie Lava davonfließt. Den Teig halbieren. Mit der Hand in zwei etwa 10 × 24 cm große Rechtecke teilen und diese jeweils in acht 3 cm breite Streifen schneiden. Je zwei Teigstreifen aufeinanderlegen.

Ein Essstäbchen oder einen Metallspieß der Länge nach auf den doppelten Teigstreifen legen und nach unten pressen, um die beiden Streifen zusammenzudrücken. Diesen Vorgang mit allen Streifen wiederholen.

Das Öl in einem Wok auf 200 °C erhitzen.

Eine Teigstange auseinanderziehen, sodass sie sich auf den Durchmesser des verwendeten Woks ausdehnt, und sie vorsichtig in das Öl legen.

Die Teigstangen einzeln je 3 Minuten frittieren (mit etwas Übung dürfen es auch zwei gleichzeitig sein), dabei mit einer Zange oder einem Kochstäbchen immer wieder wenden, bis die Stange nicht weiter aufgeht und eine schöne goldbraune Farbe angenommen hat.

Auf Küchenpapier abtropfen lassen und die restlichen Stangen ebenso frittieren. Sofort oder innerhalb der nächsten Stunden servieren.

HINWEIS

Eventuelle Reste können einige Tage im Kühlschrank aufbewahrt werden. In einer Pfanne aufwärmen.

REISPAPIERPIZZA

BÁNH TRÁNG NƯỚNG

Dieser unglaublich originelle und schmackhafte Snack kann aus so vielen oder so wenigen Zutaten bestehen, wie Sie möchten. Die Texturen sind einzigartig, sie reichen von knusprig und knackig über weich und sanft bis scharf und erfrischend. Die Schlichtheit der Zutaten ist das, was ich hier am meisten liebe.

Ergibt 4 Stück
Vorbereitungszeit — 10 Minuten
Kochzeit — 30 Minuten

Für das Frühlingszwiebelöl

4 EL Öl
5 Frühlingszwiebeln, weiße und grüne Teile, in dünne Ringe geschnitten
1 Prise Meersalz

Für die Pizza

8 Reispapierblätter (Ø 22 cm)
120 g Spargel oder Zuckerschoten, in dünne Scheiben geschnitten
12 Wachteleier oder 2 verquirlte Hühnereier

Zum Servieren

30 g Korianderblätter
30 g Thaibasilikum (nach Belieben)
2 EL Crispy Chiliöl (aus dem Asialaden; nach Belieben)
Sriracha (nach Belieben)
Mayonnaise (nach Belieben)

Außerdem

Grillaufsatz für den Gasherd oder Grillpfanne

Für das Frühlingszwiebelöl das Öl in einem kleinen Topf erhitzen. Frühlingszwiebeln und Salz zugeben. Bei schwacher Hitze unter gelegentlichem Rühren etwa 3 Minuten dünsten, bis die Zwiebeln weich sind. Dann vom Herd nehmen.

Für die Pizza ein Blatt Reispapier auf ein Brett legen und ½ EL Frühlingszwiebelöl gleichmäßig darauf verteilen. Ein weiteres Blatt Reispapier darauflegen. Die Blätter fest zusammendrücken. Mit dem Gemüse belegen und 3 Wachteleier darüber aufschlagen oder ¼ der verquirlten Hühnereier daraufgeben.

Den Grillaufsatz auf den Gasherd stellen, die Reispizza darauflegen und bei kleiner Flamme grillen. Die Pizza dabei alle 10 Sekunden mit einer Zange oder einem Kochstäbchen vorsichtig hin und her bewegen, damit sie knusprig wird. Wer keinen Gasherd hat, kann die Pizza auch 3–4 Minuten in einer Grillpfanne garen. In diesem Fall entfällt das Bewegen der Pizza.

Die Pizza ist fertig, wenn das Eiweiß fest ist. Ich mag es, wenn das Eigelb noch flüssig ist. Wenn Sie das nicht mögen, auch die Wachteleier zuvor verquirlen, dann ¼ der Eimasse auf der Pizza verteilen und die Pizza braten, bis das Ei fest ist. Das dauert etwa 4–5 Minuten. Für die weiteren Pizzen ebenso verfahren.

Die Pizzen, mit Korianderblättern und nach Belieben mit Thaibasilikum, Crispy Chiliöl, Sriracha und Mayonnaise garniert, servieren.

HINWEIS

Erfinden Sie Ihren eigenen Belag – auch die Knusperschalotten (s. S. 208) mit ihrem Öl sind empfehlenswert. Bedienen Sie sich an der Feinkosttheke oder machen Sie einen Raubzug durch Ihren Kühlschrank. Besser kann ein Snack nicht sein.

REIS IST LEBEN: UND

ZWEI

WAS MAN DAZU ISST

REIS IST LEBEN: UND WAS MAN DAZU ISST

Die Deutschen sprechen über das Wetter, die Vietnamesen über Reis. Sie sagen *»Ăn cơm chưa?«* (Haben Sie schon Reis gegessen?).

Als meine Familie nach der Flucht in Großbritannien angekommen war, unterstützten uns verschiedene Wohltätigkeitsorganisationen. Man stellte uns Mr. und Mrs. Holland vor, ein liebenswertes australisches Paar, das in Großbritannien lebte. Montags nach der Schule kamen sie pünktlich um 16 Uhr, lernten mit meiner Mutter Englisch und halfen ihr bei allen Dingen, die erledigt werden mussten. Sie unterrichteten meinen jüngeren Bruder und mich in Mathematik, Englisch und, was mir am besten gefiel, in Geografie. Ich lernte all die Orte kennen, an die sie gereist waren und alle Hauptstädte der Welt auf einem Globus, den sie mir schenkten. Sie waren für uns wie Großeltern und kamen sogar zu Schulaufführungen.

Jeden Montag waren unsere Mahlzeiten etwas aufwendiger, denn meine Mutter wollte Mr. und Mrs. Holland ihre Dankbarkeit, ihren Respekt und ihre Wertschätzung durch die köstlichsten Reisgerichte zeigen. Beim Essen sprachen die Hollands über westliche Essmanieren, wie man Messer und Gabel benutzt, dass man nicht mit vollem Mund spricht, die Ellbogen vom Tisch nimmt, „bitte" sagt, nicht rülpst und so weiter … all das stand im Gegensatz zur vietnamesischen Kultur, in der die Menschen auf dem Boden sitzen, um zu essen, die Mahlzeiten miteinander teilen und am Ende sogar ein lautes Rülpsen von sich geben, um zu zeigen, wie gut es war.

Als meine Mutter in London endlich Koriander entdeckte, briet sie einen Fisch und servierte dazu eine duftende *canh chua*, eine süß-saure Tomatensuppe mit gelber Bete (s. S. 154) mit viel Koriander, sowie gebratenen Wasserspinat mit Kapern (s. S. 43), Spargel-Ei-Terrine (s. S. 55) und Zitronengras-Tofu (s. S. 65) mit gedämpftem Jasminreis.

Das war 1986. Ich erinnere mich noch gut an den Tag, denn Mrs. Holland war so fasziniert von dem Aroma des Korianders und dem Geschmack, den sie noch nie zuvor erlebt hatte. Es war, als wäre sie in den Himmel gekommen. Sie freuten sich über das gemeinsame Essen mit der Familie. Durch diese Art des Essens lernten sie ein wenig über unsere Kultur und die Art und Weise, wie wir in Vietnam essen, indem wir alles miteinander teilen. Ihre Begeisterung und ihre Freude zu sehen, machte mich ebenso glücklich. Ich glaube, das ist der Grund, warum ich so gern für andere koche.

Dann kam der traurige Tag, an dem Mr. und Mrs. Holland zurück nach Australien zogen. Sie hatten uns ein letztes Mal besucht, wir winkten ihnen wie immer vom vierten Stock aus zum Abschied zu, und sie fuhren in ihrem golden beigen Auto davon. Kurz vor ihrem Tod im Alter von 93 Jahren schickte mir Mrs. Holland meine Briefe und Kunstwerke zurück, die sie all die Jahre aufbewahrt hatte, und ich las ein paar Auszüge aus ihren Tagebüchern über all die herrlichen Reisgerichte, die wir gemeinsam gegessen hatten.

Nachfolgend finden Sie eine Auswahl an Gerichten, die mit gedämpftem Reis serviert werden und ihren Teil zu einer perfekten Reismahlzeit beitragen.

SCHNELLE GEMÜSEPFANNE MIT KNOBLAUCH

RAU TẬP TÀNG XÀO TỎI

Kaufen Sie saisonales Gemüse und feiern Sie jedes einzelne als großartige Ergänzung zu Ihren Reisgerichten. Machen Sie sich bereit für eine Geschmacksexplosion aus dem Wok.

Für 4 Personen
Vorbereitungszeit — 10 Minuten
Kochzeit — 30 Minuten

Ideen und Vorschläge

400 g einer Gemüsesorte oder eine Mischung der folgenden Zutaten, in Scheiben oder mundgerechte Stücke geschnitten

Festere Gemüse

Brokkolini
Blumenkohl, in Röschen geteilt
Brokkoli, in Röschen geteilt
grüne Bohnen
Stangenbohnen
Zucchini, in Scheiben geschniten
Chayote (Gemüsebirne), in Stücke geschnitten
Okra
Babymais

Blattgemüse – nach Belieben zerkleinert

Blätter von chinesischem Brokkoli *(kai lan)*
Cima di rapa (italienischer Stängelkohl)
Pak Choi
chinesische Senfblätter
Wasserspinat
Mangold
Meerrettichblätter
Süßkartoffelblätter
Beifußblätter
und weitere nach Belieben

Grundzutaten

1 EL Rapsöl oder Ghee
4 Knoblauchzehen, in Scheiben geschnitten
1½ EL Sojasauce oder vegetarische Austernsauce

Mögliche Würzzutaten als Alternativen zur vegetarischen Austernsauce und/oder Sojasauce

1 TL fermentierter Tofu
1 gehäufter TL Miso mit 1 EL Wasser verrührt
1 EL vegane Fischsauce (s. S. 193)
1 EL vegetarische Umamisauce
1 TL Pilzgewürz
1 TL Instant-Gemüsebrühe
1 EL Nährhefe

Zum Servieren nach Belieben

1 EL Zitronengras-Chili-Öl (s. S. 210)
1 EL Crispy Chiliöl (aus dem Asialaden) oder normales Chiliöl
1 TL Sesamöl
1 TL geröstete Sesamsamen
Chiliflocken
Mandelsplitter
grob gehackte Nüsse
Noriflocken

750 ml Wasser aufkochen und das feste Gemüse etwa 1 Minute blanchieren, dann 30 Sekunden in kaltem Wasser abschrecken und abgießen – so bleibt das Gemüse schön grün. Das Blattgemüse wird nicht blanchiert.

Öl oder Ghee in einer Pfanne oder einem Wok erhitzen. Den Knoblauch darin bei mittlerer Hitze braten, bis er an den Rändern gebräunt ist. Das blanchierte Gemüse mit den Würzzutaten zugeben und 1 Minute unter Rühren braten, bei festerem Gemüse etwas länger. Das Blattgemüse unterheben. Nach Belieben garnieren oder pur servieren.

HINWEIS

Sie können das Gemüse nach dem Blanchieren auch ungebraten mit einer einfachen Sauce und nach Belieben garniert genießen.

WASSERSPINAT MIT KAPERN

RAU MUỐNG XÀO BẠCH HOA

Ich bin immer ein wenig nervös, wenn ich meiner Mutter zusehe, wie sie Wasserspinat kocht. Sie steht da, eine Hüfte an den Herd gelehnt, umgeben von all den blubbernden Töpfen, brutzelnden Pfannen und aufsteigenden Dämpfen. Mittendrin eine kleine Pfanne, die mit einem Berg von Wasserspinat gefüllt ist, die Stängel ragen hierhin und dorthin. Sie stochert mit ihren Stäbchen darin herum, aber sie rührt nicht wirklich um. Sie mag kleine, niedliche Dinge – aber kann sie nicht eine größere Pfanne benutzen? Bis ich sie das fragen kann, ist der Wasserspinat schon zusammengefallen und sie kocht weiter, schüttelt Saucen aus Flaschen und plötzlich ist alles auf dem Teller. Ich bin hier von der Tradition abgewichen und habe Kapern hinzugefügt. Sie passen wunderbar dazu!

Für 2–4 Personen
Vorbereitungszeit — 5 Minuten
Kochzeit — 5 Minuten

½ EL Ghee
2 Knoblauchzehen, in Scheiben geschnitten
200 g Wasserspinat, mit den Stängeln in 10 cm lange Stücke geschnitten
½ EL schwarze Bohnensauce
½ EL vegetarische Austernsauce
½ EL helle Sojasauce
1 Prise Chiliflocken (nach Belieben)
1 EL Kapern, abgetropft

Das Ghee in einem Wok stark erhitzen. Den Knoblauch zugeben und braten, bis er an den Rändern gebräunt ist. Wasserspinat, Bohnensauce, Austernsauce, Sojasauce und nach Belieben Chiliflocken zugeben. Alles rasch vermischen und etwa 2 Minuten unter Rühren braten. Die Kapern zugeben und untermischen. Sofort als Beilage zu Reis servieren.

BOHNENSPROSSEN MIT MEERESSPARGEL

GIÁ XÀO RAU THÌA LÀ BIỂN

Meeresspargel und Bohnensprossen harmonieren perfekt, denn beide haben eine ähnlich knackige Textur. Der eine ist salzig wie die Sümpfe des Meers, und die anderen sind erdig wie das Land.

Für 2–4 Personen
Vorbereitungszeit — 5 Minuten
Kochzeit — 3 Minuten

½ EL Sesamöl
1 Knoblauchzehe, in Scheiben geschnitten
200 g Bohnensprossen
100 g Meeresspargel
1 EL Perillasauce oder vegetarische Umamisauce
20 g Schnittknoblauch, in 5 cm lange Stücke geschnitten
½ Noriblatt, in 5 mm breite Streifen geschnitten
1 TL geröstete Sesamsamen
½ TL zerdrückte rosa Pfefferkörner

Das Sesamöl in einem Wok erhitzen. Den Knoblauch darin bei starker Hitze anbraten. Sobald er Farbe annimmt, Bohnensprossen, Meeresspargel und Perilla- oder Umamisauce zugeben und unter kräftigem Rühren braten. Den Schnittknoblauch untermischen, und sobald das Gemüse zur Hälfte zusammengefallen ist, alles auf einem Servierteller anrichten, mit Noristreifen, Sesamsamen und rosa Pfeffer bestreuen und servieren.

BLUMENKOHL SÜSS-SAUER

BÔNG CẢI TRẮNG XÀO CHUA NGỌT

Süß-saure Gerichte sind zu Recht sehr beliebt und eine gute Möglichkeit, viel Gemüse zu essen. Mit der richtigen Balance sind sie eine köstliche Mahlzeit unter der Woche oder für unterwegs. Fügen Sie ruhig Karotten- und Zucchinischeiben, tiefgekühlte Erbsen oder Babymais hinzu – alles, was Sie gerade zur Hand haben.

Für 2–4 Personen
Vorbereitungszeit — 40 Minuten
Kochzeit — 30 Minuten

Für die Marinade

1 EL helle Sojasauce
2 TL Zucker
1 TL Sesamöl
½ TL weißer Pfeffer
1 TL Knoblauchpulver
500 g Blumenkohlröschen

Für die süß-saure Sauce

2 EL Weißwein- oder Reisessig
4 EL brauner Zucker
100 ml Gemüsebrühe (aus ½ Brühwürfel)
3 EL Ketchup
2 TL Tomatenmark
2 EL Ananassaft (aus der Dose Ananas, die für das Gemüse verwendet wird)
½ TL Speisestärke
1 EL helle Sojasauce

Für das Gemüse

2 Eier, verquirlt
100 g Speisestärke, plus mehr zum Bestäuben
Rapsöl zum Frittieren
1 EL Ghee
1 Zwiebel, in Achtel geschnitten
2 Knoblauchzehen, fein gehackt
½ rote Paprika, in 2 cm breite Streifen geschnitten
150 g Zucchini, in lange Streifen geschnitten
100 g Zuckerschoten
100 g Pilze, in mundgerechte Stücke geschnitten
100 g Kirschtomaten, halbiert
1 kleine Dose (à 225 g) Ananasstücke

Zum Servieren

2 Frühlingszwiebeln, in Ringe geschnitten
20 g Korianderblätter, grob gehackt
20 g Cashewkerne, geröstet und grob gehackt
einige Stücke rote Chili (nach Belieben)
1 Prise geröstete Sesamsamen (nach Belieben)
abgeriebene Schale und Saft von ½ Bio-Limette

Außerdem

Küchenthermometer

Alle Zutaten für die Marinade in einer Schüssel vermengen und beiseitestellen.

Alle Zutaten für die süß-saure Sauce in einer zweiten Schüssel verrühren und beiseitestellen.

Drei flache Teller bereitstellen. Die Eier in einen Teller geben, die Speisestärke in den zweiten. Ein mariniertes Blumenkohlröschen zuerst im Ei, dann in der Speisestärke wenden, überschüssige Stärke abschütteln und das Röschen auf den dritten Teller legen. Diesen Vorgang mit allen Blumenkohlröschen wiederholen.

Das Rapsöl etwa 2,5 cm hoch in einen Wok oder eine Pfanne gießen und auf 170 °C erhitzen. Die Blumenkohlröschen genau 4 Minuten frittieren, bis sie goldbraun sind. Auf einem Rost oder auf Küchenpapier abtropfen und abkühlen lassen. Wenn der Blumenkohl noch knuspriger sein soll, die Röschen erneut in der Speisestärke wenden und noch einmal 2 Minuten frittieren.

Das Ghee in derselben Pfanne oder demselben Wok erhitzen. Die Zwiebel darin bei starker Hitze braten, bis sie an den Rändern gebräunt ist. Den Knoblauch zugeben. Sobald auch er Farbe angenommen hat, Paprika, Zucchini und Zuckerschoten zugeben. Unter raschem Rühren 2 Minuten braten. Die Pilze untermischen und weitere 3 Minuten braten. Tomaten und Ananas zugeben und alles gut vermischen. Die süß-saure Sauce unterrühren.

Unter Rühren braten, bis das Gemüse saftig und glänzend ist. Den Herd ausschalten und die Blumenkohlröschen untermischen.

Mit Frühlingszwiebeln, Koriander und Cashewkernen bestreuen. Nach Belieben mit Chili und Sesamsamen garnieren. Mit Limettensaft beträufeln und mit der Limettenschale bestreuen. Sofort zu gedämpftem Reis servieren.

GEGRILLTE AUBERGINEN MIT FRÜHLINGSZWIEBELÖL

CÀ TÍM NƯỚNG MỠ HÀNH

Für dieses schnelle und leichte Rezept benötigen Sie nur ein paar einfache Zutaten. Es ist ein köstliches, sommerliches Gericht. Scheuen Sie sich nicht, die Auberginen zu grillen, bis sie verkohlt und ganz schwarz sind, denn dies verleiht dem cremigen, weichen Fruchtfleisch eine tiefe, rauchige Komplexität.

Für 2 Personen
Vorbereitungszeit — 10 Minuten
Kochzeit — 25 Minuten

2 Auberginen (möglichst von der Sorte Graffiti)

Für das Frühlingszwiebelöl

2 EL Rapsöl
2 Frühlingszwiebeln, in Ringe geschnitten
1 Prise Meersalz

Für das Dressing

abgeriebene Schale und Saft von ½ Bio-Limette
2 EL Zucker
2 EL vegetarische Umamisauce, Sojasauce oder vegane Fischsauce (s. S. 193)
1 Vogelaugenchili, schräg in dünne Ringe geschnitten
1 TL geröstete Sesamsamen

Zum Servieren

1 EL geröstete, gesalzene Erdnüsse, grob gehackt (nach Belieben)

HINWEIS

Wenn Sie keine Grillpfanne haben, können Sie die Auberginen auch im Backofen bei 200 °C (Umluft) etwa 30 Minuten garen oder auf dem Holzkohlegrill zubereiten.

Ein Grillpfanne stark erhitzen. Die Auberginen mit einer Gabel oder einem Spieß mehrfach einstechen und in die Pfanne legen. Etwa 15–20 Minuten grillen, dabei alle 5 Minuten wenden, bis sie rundum schwarz und verkohlt sind.

In der Zwischenzeit für das Frühlingszwiebelöl das Öl in einem kleinen Topf erhitzen. Die Frühlingszwiebeln zugeben, salzen und bei mittlerer Hitze dünsten, bis sie weich werden. Sofort vom Herd nehmen.

Die Zutaten für das Dressing in einer kleinen Schüssel verrühren.

Die gegrillten Auberginen etwas abkühlen lassen, dann die Schale abziehen und wegwerfen. Dickere Auberginen mit einem Messer der Länge nach in 4 Stücke schneiden und das Fruchtfleisch mit einem Löffel herausheben. Das Fruchtfleisch in mundgerechte Stücke schneiden und auf einem Servierteller anrichten. Mit dem Frühlingszwiebelöl und dem Dressing beträufeln und nach Belieben mit Erdnüssen bestreuen.

Mit anderen Gerichten wie etwa eingelegtem Gemüse zu gedämpftem Jasminreis servieren. Die Auberginen schmecken auch als Topping für einen Vermicelli-Nudelsalat (s. S. 137) köstlich.

AUBERGINEN IN SCHWARZER BOHNENSAUCE

CÀ TÍM XÀO SỐT TƯƠNG ĐEN

Diese verlockenden, goldbraunen Auberginenscheiben schmecken definitiv allen. Verraten Sie niemandem, wie einfach die Zubereitung ist. Beachten Sie, dass die im Laden gekaufte schwarze Bohnensauce von Marke zu Marke im Geschmack variiert; manche sind süßer und andere salziger. Passen Sie sie entsprechend an: Fügen Sie bei Bedarf Zucker oder Ahornsirup hinzu oder, wenn die Bohnensauce sehr salzig ist, mildern Sie sie mit einem Spritzer Wasser ab und reduzieren Sie die Sojasauce. Schmecken Sie immer ab und achten Sie darauf, dass die Aromen ausgewogen sind.

Für 4 Personen
Vorbereitungszeit — 10 Minuten
Kochzeit — 20 Minuten

2 Auberginen
2 EL Rapsöl
2 TL Ghee
4 Knoblauchzehen, zerdrückt oder fein gehackt
20 g Frühlingszwiebeln, längs in feine Streifen geschnitten
3–4 EL schwarze Bohnensauce
1 EL Sojasauce
1 TL Ahornsirup

Zum Servieren

Saft und abgeriebene Schale von ¼ Bio-Limette oder Bio-Zitrone
1 Vogelaugenchili, in Ringe geschnitten (nach Belieben)

Die Auberginen längs in 1 cm dicke Scheiben schneiden. Die Scheiben von beiden Seiten gitterförmig etwa 3 mm tief einschneiden. Beidseitig dünn mit Öl einpinseln.

Die Auberginenscheiben in einer großen Pfanne bei starker Hitze portionsweise von jeder Seite 5 Minuten braten. Aus der Pfanne nehmen und nebeneinander auf einen Servierteller legen.

Das Ghee in einem kleinen Topf zerlassen. Den Knoblauch darin bei mittlerer Hitze etwas Farbe annehmen lassen. Frühlingszwiebeln, Bohnensauce, Sojasauce und Ahornsirup zugeben. Alles verrühren und 2–3 Minuten köcheln lassen, dann vom Herd nehmen und gleichmäßig über die Auberginenscheiben gießen.

Kurz vor dem Servieren mit Limetten- oder Zitronensaft beträufeln und mit der Zitrussschale bestreuen. Nach Belieben mit Chili garnieren.

Als Beilage oder zu gedämpftem Reis bzw. Klebreis mit Mungobohnen servieren. Die Auberginen schmecken auch köstlich zu Vermicelli-Nudelsalaten (s. S. 137).

HINWEIS

Sie können die Sauce ohne die Frühlingszwiebeln auch vorbereiten und erst kurz vor dem Servieren mit den Frühlingszwiebeln erhitzen. Auch die Auberginen können vorab gebraten und bei 70 °C (Umluft) im Backofen warm gehalten werden. Gern können Sie auch zusätzliche Kräuter wie Korianderblätter und Thaibasilikum zugeben und mit frischem Chili oder Chiliflocken, gerösteten Sesamsamen, Noristreifen oder gehackten Nüssen garnieren.

RÜHREI MIT TOMATEN

TRỨNG XÀO CÀ CHUA

Die einfachsten Zutaten ergeben manchmal die leckersten Mahlzeiten. Ich habe fast immer ein Glas fermentierten Tofu vorrätig, er verleiht diesem Gericht einen besonderen Pep.

Für 2 Personen
Vorbereitungszeit — 5 Minuten
Kochzeit — 5 Minuten

1 EL Rapsöl
2 kleine runde Schalotten, fein gehackt
2 Knoblauchzehen, grob gehackt
10 g frischer Ingwer, fein gehackt
200 g Kirschtomaten, halbiert, oder andere Tomaten, gewürfelt
2 TL fermentierter Tofu, zerdrückt, oder 4 EL Worcestersauce
50 ml Kokoswasser oder Wasser
1 EL vegetarische Austernsauce
4 Eier, verquirlt
1 Frühlingszwiebel, fein gehackt
20 g Korianderblätter

Das Öl in einem Wok oder einer Pfanne erhitzen. Schalotten, Knoblauch und Ingwer darin bei mittlerer Hitze braten, bis sie etwas Farbe angenommen haben und zu duften beginnen. Die Tomaten zugeben und 1 Minute andünsten. Tofu, Kokoswasser und Austernsauce untermischen. Alles unter Rühren garen, bis die Tomaten etwas zusammengefallen sind. Eier und Frühlingszwiebel zugeben. Die Pfanne schwenken, bis der Boden vollständig bedeckt ist. Die Eimasse mit Koriander bestreuen.

Nun rasch, bevor die Eier stocken, mit einem Paar Kochstäbchen oder einem Kochlöffel die Eimasse immer wieder von den Rändern in die Mitte schieben, bis das Rührei fertig gebraten ist.

Sofort mit gedämpftem Reis oder auf geröstetem Brot servieren.

SPARGEL-EI-TERRINE

TRỨNG CHƯNG

Diese Terrine wird traditionell mit Bruchreis (*cơm tấm*), Essiggurken, gebratenem Gemüse und einer Gemüsesuppe serviert. In schlechten Zeiten wird sie oft sehr salzig zubereitet, damit man sie möglichst lang mit reichlich gedämpftem Reis strecken kann. Die Füllung kann variieren, und getrocknete oder frische Pilze sind eine tolle Ergänzung. Die Terrine eignet sich auch, in Scheiben geschnitten, als Einlage für Nudelsuppen oder kalt serviert in *bánh mì* und Sommerrollen.

Für 3–4 Personen
Vorbereitungszeit — 15 Minuten
Kochzeit — 25 Minuten

½ EL Ghee
1 Schalotte, fein gehackt
2 Knoblauchzehen, fein gehackt
40 g Lauch, fein geschnitten
½ EL Rapsöl
20–25 g Glasnudeln, 10 Minuten in Wasser eingeweicht und in 5 cm lange Stücke geschnitten
90–100 g Spargel, holzige Enden entfernt und Stangen in 3 cm lange Stücke geschnitten
4 Eier, verquirlt
½ TL Pilzgewürz
1 TL fermentierter Tofu, zerdrückt, oder 2 EL Worcestersauce
1 Prise frisch gemahlener schwarzer Pfeffer
2 TL helle Sojasauce
2 Eigelb

Außerdem
Dampfgarer oder Dämpfeinsatz für den Kochtopf

Das Ghee in einer kleinen Pfanne bei mittlerer Hitze zerlassen. Schalotte, Knoblauch und Lauch darin etwa 4 Minuten braten, bis sie goldbraun sind.

Eine hitzebeständige Porzellan- oder Glasschüssel mit dem Öl ausfetten. Glasnudeln, Spargel, verquirlte Eier, Pilzgewürz, Tofu oder Worcestersauce, Pfeffer und Sojasauce zugeben und alles gut vermengen.

Die Schüssel auf einen Dämpfkorb in den Dampfgarer stellen, 2,5 cm kochendes Wasser in das Gerät geben und die Spargel-Ei-Terrine 20 Minuten dämpfen. Dabei gelegentlich den Wasserstand überprüfen und gegebenenfalls Wasser nachfüllen. Wer keinen Dampfgarer hat, kann die Terrine auch in einem Kochtopf auf einen Dämpfeinsatz setzen. Damit kein Dampf entweicht, wickelt man ein sauberes Geschirrtuch um den Deckel.

Nach 20 Minuten Garzeit das Eigelb verquirlen und über die Terrine gießen. Weitere 5 Minuten dämpfen.

GEMÜSECURRY

CÀ RI CHAY

Die Zutatenliste sieht lang aus, aber ich mag es, wenn dieses Curry aus vielen verschiedenen Gemüsesorten besteht. Geben Sie alles in eine Auflaufform oder einen großen Kochtopf. Das Curry ist ideal für ein Abendessen unter der Woche. Genießen Sie die Reste auf Toast.

Für 2 Personen
Vorbereitungszeit — 15–20 Minuten
Kochzeit — 15 Minuten

1 EL Rapsöl
2 Schalotten, fein gehackt
3 Knoblauchzehen, in Scheiben geschnitten
15 g frische Kurkuma, geschält und fein gehackt oder 1 TL gemahlene Kurkuma
15 g frischer Ingwer, fein gehackt
2 Stängel Zitronengras, zerdrückt und in 5 cm lange Stücke geschnitten
120 g ganze Kirschtomaten
200 g Blumenkohl, in mundgerechte Röschen zerteilt
110 g Kräuterseitlinge, in 2 cm dicke Scheiben geschnitten
50 g grüne Bohnen, in 4 cm lange Stücke geschnitten
50 g kleine Zucchini, in 2 cm dicke Scheiben geschnitten
50 g Karotten, in 2 cm große Würfel geschnitten
100 g Kartoffeln, in 2 cm große Würfel geschnitten
2 große, milde rote Chilis
1 TL Chilipulver (nach Belieben)
1 TL Currypulver
200 ml Kokosmilch
½ TL Pilzgewürz oder 1 EL Nährhefe
½ TL Meersalz
½ TL Zucker
100 ml Kokoswasser oder Wasser

Zum Servieren

20 g Blätter vom Thaibasilikum
20 g Korianderblätter
Saft von ½ Limette

Das Öl in einer großen Pfanne oder einem Schmortopf mit Deckel erhitzen. Schalotten und Knoblauch darin bei mittlerer Hitze anbraten, bis sie etwas Farbe angenommen haben. Kurkuma, Ingwer und Zitronengras zugeben. Einige Minuten rösten, bis die Gewürze ihr Aroma entfalten. Das gesamte Gemüse, die Chilis als ganze und nach Belieben Chilipulver zugeben. Gleichmäßig mit Currypulver bestreuen. Alles etwa 3 Minuten ziehen lassen, dann gut vermischen, bis das gesamte Gemüse mit Currypulver überzogen ist.

Mit Kokosmilch übergießen, mit Pilzgewürz oder Nährhefe, Salz und Zucker abschmecken. Mit Kokoswasser oder Wasser beträufeln, damit das Gemüse weiter dämpfen kann. Alles gut vermischen. Den Deckel auflegen und 10 Minuten köcheln lassen.

Zum Servieren das Zitronengras und die Chilis entfernen. Das Curry mit Thaibasilikum und Koriander garnieren und mit Limettensaft beträufeln. Mit gedämpftem Jasminreis oder Klebreis mit Mungobohnen servieren.

SÜSS-SAURE GEMÜSEPFANNE

RAU XÀO CHUA NGỌT

Diese Aromen schmecken für mich wie Heimkommen nach Phan Thiết, der Geburtsstadt meiner Mutter. Meine Cousins, Thúy und Thao, kümmern sich mit Eifer und Hingabe um meine kulinarischen Abenteuer. Manchmal gehen wir gemeinsam einkaufen, und Thao kauft eine Stange Sellerie, genau vier Tomaten und ein paar Kräuter, gerade so viel, wie für dieses Gericht benötigt wird, und nicht mehr. So sind alle Zutaten ganz frisch und nichts wird verschwendet. Tofu mit Salz und Pfeffer (s. S. 62) oder fertig gekaufte Tofupuffs sorgen für zusätzliche Textur und Proteine.

Für 4 Personen als Gericht zum Teilen
Vorbereitungszeit — 15 Minuten
Kochzeit — 7 Minuten

4 Knoblauchzehen
2 TL Kokoszucker oder brauner Zucker
1 Vogelaugenchili, grob gehackt
1 EL Rapsöl oder Ghee
1 rote Zwiebel, in 1 cm lange Streifen geschnitten
1 Stange Staudensellerie, schräg in 6 cm lange Streifen geschnitten
4 Tomaten, in Achtel geschnitten
½ Zucchini, schräg in 5 mm dünne Scheiben geschnitten
1 Stück Gurke (10 cm), in 3 cm große Würfel geschnitten
200 g Ananas (frisch oder aus der Dose)
100 ml Orangen- oder Ananassaft (aus der Dose)
1 EL Kapern, abgegossen
1 TL Speisestärke, mit 100 ml Wasser verrührt
3 EL Perillasauce oder vegane Fischsauce (s. S. 193)

Zum Servieren

Saft und abgeriebene Schale von ½ Bio-Limette oder ½ Bio-Zitrone
frische Kräuter nach Wahl

Knoblauch, Zucker und Chili im Mörser zu einer Paste zerstoßen und beiseitestellen.

Rapsöl oder Ghee im Wok oder in einer Pfanne erhitzen. Die Zwiebel darin bei starker Hitze 1 Minute braten, bis sie an den Rändern braun wird. Sellerie, Tomaten und die Knoblauch-Chili-Paste unterrühren und alles 1 Minute unter ständigem Rühren braten.

Zucchini, Gurke, Ananas, Fruchtsaft, Kapern, angerührte Speisestärke und Perilla- oder Fischsauce zugeben. Unter ständigem Rühren weitere 3 Minuten braten.

Das Gemüse mit Zitrussaft, -schale und frischen Kräutern garnieren und sofort mit gedämpftem Reis oder Knuspernudeln (s. S. 200) servieren.

TOFU

ĐẬU HỦ TRẮNG

Tofu, auch Bohnenquark genannt, wird aus geronnener Sojamilch hergestellt. Manche Tofusorten sind weich, wie z. B. Seidentofu, der einen höheren Wassergehalt hat. Auf der anderen Seite des Spektrums steht extrafester Tofu. Ich liebe Seidentofu sehr. Er ist in der Handhabung etwas schwieriger, aber es macht mir nichts aus, wenn er in einem Gericht zerfällt. Der Geschmack und das Aroma kommen bei hochwertigem Seidentofu besonders gut zur Geltung. Alternativ zum Seidentofu verwende ich mittelfesten Tofu, weil er noch weich ist, aber seine Struktur behält.

Tofu ist in der vietnamesischen Küche sehr beliebt und kommt als köstliche, vollwertige Zutat auf den Tisch – er gilt nicht als Fleischersatz.

Fertig gekaufte Tofupuffs sind eine hervorragende Einlage für Nudelsuppen, da sie die Brühe wie ein Schwamm aufnehmen. Tofuhaut, auch Sojabohnenhaut genannt, kann für die Zubereitung von veganer vietnamesischer Wurst (s. S. 117) verwendet werden und liefert Schmorgerichten eine zusätzliche Proteinquelle.

Für gebratenen Tofu

2 EL Pflanzenöl
1 Prise Maldonsalz
400 g mittelfester Tofu, trocken getupft und in Stücke von gewünschter Größe geschnitten

Die Hälfte des Öls in einer großen Pfanne erhitzen und mit Maldonsalz bestreuen. Den Tofu darin bei mittlerer Hitze etwa 8 Minuten braten, bis er goldbraun ist. Die Tofustücke aus der Pfanne heben und auf Küchenpapier abtropfen lassen.

Den gebratenen Tofu kann man zu verschiedenen Pfannengerichten oder Suppen geben, mit einem ausgewogenen Dressing zum Dippen servieren oder mit Tomaten braten (s. Tofu und Tomaten mit Spinat und Basilikum S. 70).

TOFU MIT SALZ UND PFEFFER

ĐẬU HỦ XỐC MUỐI TIÊU

Dies ist eine großartige Zugabe zu Pfannengerichten oder Nudelsuppen, aber auch ein knuspriger Träger für köstliche Saucen.

Für 2–4 Personen
Vorbereitungszeit — 10 Minuten
Kochzeit — 10 Minuten

300 g mittelfester Tofu
70 g Kartoffel- oder Speisestärke
¼ TL gemahlener Ingwer
¼ TL Cayennepfeffer
¼ TL Meersalz
½ TL Zucker
½ TL Backpulver
½ TL frisch gemahlener schwarzer Pfeffer
3 EL Rapsöl

Zum Servieren (nach Belieben)

Dips (s. S. 212)
Frühlingszwiebelöl (s. S. 210)
Knusperschalotten (s. S. 208)

Den Tofu aus der Packung nehmen und trocken tupfen. Je nach Wunsch in Quadrate, Rechtecke oder Stäbchen schneiden.

Stärke, Ingwer, Cayennepfeffer, Meersalz, Zucker, Backpulver und Pfeffer auf einem großen Teller oder in einer flachen Schüssel verrühren. Den Tofu zugeben und vorsichtig in der Würze wenden, bis alle Stücke rundum überzogen sind.

Das Öl in einem Wok erhitzen und den Tofu darin bei mittlerer Hitze goldbraun und knusprig braten. Alternativ in 160 °C heißem Öl frittieren.

Mit Nudeln, Reis, Gemüse oder einem Dip nach Wahl servieren. Nach Belieben mit Frühlingszwiebelöl oder Knusperschalotten bestreuen.

ZITRONENGRAS-TOFU

ĐẬU HŨ KHO SẢ

Ich verwende für dieses Gericht gern mittelfesten Tofu. Achten Sie auf die richtige Festigkeit, dann können Sie Ihre Gemüsegerichte veredeln, da Tofu alle Aromen annimmt, die Sie ihm geben möchten. Zitronengras-Tofu eignet sich nicht nur hervorragend als Topping für einen Nudelsalat, sondern ist auch ein beliebtes Gericht, das Sie mit Freunden und Familie bei einer Reismahlzeit zusammen mit vielen Gemüsegerichten teilen können. Zitronengras-Tofu ist außerdem perfekt als Füllung für Sommerrollen oder *bánh mì* und ist daher ein Muss in Ihrem Repertoire.

Für 2–4 Personen
Vorbereitungszeit — 45 Minuten
Kochzeit — 25 Minuten

1 Schalotte, fein gehackt
2 Knoblauchzehen, fein gehackt
1–2 Vogelaugenchili, fein gehackt (nach Belieben)
1 Stängel Zitronengras, fein gehackt
1 EL hochwertige Sojasauce oder vegane Fischsauce (s. S. 193)
1½ EL vegetarische Austernsauce
1½ EL Ahornsirup
1 EL schwarzer Essig oder Apfelessig
300 g mittelfester Tofu, in 1 cm dicke Stäbchen geschnitten
2 EL Rapsöl
50 ml Kokoswasser oder Aloe-Vera-Saft
30 g Koriander- oder Thaibasilikumblätter, grob gehackt

Zum Servieren

1 EL geröstete Sesamsamen

Schalotte, Knoblauch, Chili und Zitronengras in einer großen Schüssel mit Soja- oder Fischsauce, Austernsauce, Ahornsirup und Essig verrühren. Die Tofustäbchen in die Schüssel geben und mindestens 30 Minuten oder über Nacht im Kühlschrank marinieren.

Das Öl in einer großen Pfanne erhitzen. Die Tofustäbchen darin nebeneinander bei mittlerer Hitze von jeder Seite 5 Minuten braten, bis sie goldbraun sind. Die Marinade zugießen und einige Spritzer Kokoswasser oder Aloe-Vera-Saft zugeben. Weitere 3–5 Minuten braten und etwas mehr Flüssigkeit zugeben, falls der Tofu zu trocken wird. In der letzten Minute mit Koriander oder Thaibasilikum bestreuen.

Mit Sesamsamen garnieren und sofort zu gedämpftem Reis oder einem Vermicelli-Nudelsalat (s. S. 137) servieren.

HINWEIS

Wenn Sie den Tofu frittieren möchten, braten Sie die anderen Zutaten in einer Pfanne an und vermischen Sie dann die Sauce mit dem goldgelb frittierten Tofu.

SCHARFER TOFU MIT AUBERGINE UND ENOKIPILZEN

CÀ TÍM SỐT CAY TỨ XUYÊN

Ich liebe Auberginen, denn aus ihnen kann man die erstaunlichsten Gerichte zubereiten. Egal, was Sie zaubern – die Auberginen saugen die Aromen auf. Ich kaufe oft ein Glas fertige Bohnenpaste, wenn ich meine Vorräte aufstocke. So kann ich köstlich rauchigen Auberginen schnell einen besonderen, würzigen Umamigeschmack verleihen und die Seidentofuwürfel in eine Lava aus Chiliöl hüllen. Dieses großartige Gericht kommt bei mir regelmäßig auf den Tisch.

Für 4 Personen
Vorbereitungszeit — 10 Minuten
Kochzeit — 45 Minuten

2 Auberginen
2 EL Rapsöl
3 Schalotten, in Streifen geschnitten
25 g frischer Ingwer, fein gehackt
4 Knoblauchzehen, grob gehackt
1 TL gemahlener Szechuanpfeffer (nach Belieben)
100 g Enokipilze, große Pilze längs halbiert
½ rote Paprika, in 5 mm kleine Würfel geschnitten
1 EL vegetarische Austernsauce
2 EL scharfe Bohnensauce
2 EL Sojasauce oder vegane Fischsauce (s. S. 193)
1 EL Tomatenmark
1 TL fermentierter Tofu, zerdrückt, oder 2 EL Worcestersauce
100 ml Kokoswasser
300 g Seidentofu, gewürfelt
20 g Koriander- oder Thaibasilikumblätter, grob gehackt

Zum Servieren

1 TL rosa oder schwarzer Pfeffer, zerstoßen
2 EL Crispy Chiliöl (aus dem Asialaden) oder Zitronengras-Chili-Öl (s. S. 210)

Die Auberginen über der Flamme eines Gasherdes bei mittlerer Hitze etwa 6–8 Minuten rösten, bis sie rundherum weich sind und fast auseinanderfallen. Dabei mehrere Male wenden.

Wenn Sie keinen Gasherd haben, können Sie die Auberginen auch im Backofen zubereiten. Dazu den Backofen auf 200 °C (Umluft) vorheizen. Die Auberginen etwa 25 Minuten im Ofen garen, bis sie weich sind und fast auseinanderfallen.

Das Fruchtfleisch aus den Auberginen löffeln und beiseitestellen. Die Schalen wegwerfen.

Das Öl in einem Wok oder einer Pfanne erhitzen. Schalotten, Ingwer und Knoblauch darin bei mittlerer Hitze einige Minuten braten. Den Szechuanpfeffer nach Belieben zugeben. Pilze und Paprika unterrühren und einen Moment braten, dann Austernsauce, Bohnensauce, Soja- oder Fischsauce, Tomatenmark und fermentierten Tofu zugeben. Weitere 2 Minuten rösten, dabei ständig rühren, damit sich die Aromen verbinden können. Nun wird es in der Pfanne ziemlich trocken sein, daher das Kokoswasser zugießen, um alle Röststoffe zu lösen, und weitere 2 Minuten braten.

Nun Seidentofu und Auberginenfruchtfleisch vorsichtig untermischen. Koriander oder Thaibasilikum ebenso vorsichtig unterheben, damit nicht allzu viele Tofuwürfel zerfallen.

Zum Servieren mit zerstoßenem Pfeffer bestreuen und mit Crispy Chiliöl oder Zitronengras-Chili-Öl beträufeln.

HINWEIS

Für dieses Gericht können alle Pilzarten verwendet werden.

GEFÜLLTE TOMATEN MIT TOFU, PILZEN UND KAPERN

CÀ CHUA DỒN ĐẬU HỦ

Dies ist ein typisches und beliebtes Gericht, das man sich zusammen mit vielen anderen Speisen zum Reis teilt. Kaufen Sie feste, gleich große, runde Tomaten; überreife Früchte werden zu Brei. Ich bereite dieses Gericht im Backofen zu, man kann es aber auch in einer großen Pfanne mit Deckel schmoren.

Für 4 Personen
Vorbereitungszeit — 10 Minuten
Kochzeit — 35 Minuten

2 EL Rapsöl
4 Knoblauchzehen, fein gehackt
160 g Austernpilze, in feine Streifen geschnitten
200 g Seidentofu, in grobe Stücke geschnitten
2½ EL Sojasauce
2 EL Ahornsirup
2 EL Ponzu (Sauce auf Zitrusbasis) oder Apfelessig
2 Frühlingszwiebeln, fein gehackt
1 EL Kapern, abgegossen
4 feste Tomaten (vorzugsweise Fleischtomaten)
2 EL Panko (jap. Paniermehl)
Meersalz und frisch gemahlener schwarzer Pfeffer

Für die Sauce

1 TL Rapsöl
2 Knoblauchzehen, fein gehackt
2 TL Sojasauce oder vegane Fischsauce (s. S. 193)
1 Prise Zucker
2 TL Speisestärke, mit 1 EL Wasser zu einer Paste verrührt
2 TL Limettensaft
1 EL grob gehackte Korianderstängel

Zum Servieren

Frühlingszwiebeln, Koriander, Minze oder Thaibasilikum

Den Backofen auf 200 °C (Umluft) vorheizen.

In einem Wok oder einer Pfanne 1 EL Öl erhitzen. Den Knoblauch darin bei mittlerer bis starker Hitze anbraten, bis er Farbe angenommen hat. Die Pilze hinzugeben und unter gelegentlichem Rühren 2 Minuten braten. Tofu, Sojasauce, Ahornsirup und Ponzu oder Apfelessig hinzufügen und etwa 1 Minute schmoren, dabei ständig rühren, damit der Tofu in etwa 1 cm große Würfel zerfällt. Frühlingszwiebeln und Kapern untermischen und noch 1 Minute erhitzen. Vom Herd nehmen und beiseitestellen.

Das obere Viertel jeder Tomate abschneiden und das Fruchtfleisch auslöffeln. Fruchtfleisch und Deckel würfeln und beiseitestellen. Die ausgehöhlten Tomaten so vorsichtig wie möglich mit der Pilz-Tofu-Masse füllen. Die Tomaten mit dem restlichen Öl (1 EL) einpinseln und mit Panko, Salz und Pfeffer bestreuen. Auf ein Backblech oder in eine Auflaufform setzen und 25–30 Minuten im Backofen garen.

Für die Sauce das Öl im selben Wok oder in derselben Pfanne erhitzen und den Knoblauch darin bei mittlerer Hitze braten, bis er goldbraun ist. Das gewüfelte Tomatenfruchtfleisch, Soja- oder Fischsauce, Zucker und angerührte Speisestärke zugeben. Alles 5–7 Minuten zu einer sämigen Sauce einkochen, dann Limettensaft und Korianderstängel unterrühren.

Die gefüllten Tomaten mit Frühlingszwiebeln oder Kräutern garnieren und mit der Sauce servieren.

TOFU UND TOMATEN MIT SPINAT UND BASILIKUM

ĐẬU HỦ XÀO CÀ CHUA

Gebrutzelte, saftige Tomaten mit Tofu sind in der vietnamesischen Küche sehr beliebt. Sie haben einen wunderbaren Umamigeschmack und sind schnell und einfach zubereitet. Sie können jede pikante Würze, von Sojasauce bis zu (veganer) Fischsauce, verwenden. Nehmen Sie auch beliebige süß-saure Gewürze, je nachdem, was Sie gerade zur Hand haben, um den Geschmack abzurunden. Ab und zu rühre ich gern Spinat oder Grünkohl unter.

Für 4 Personen
Vorbereitungszeit — 5 Minuten
Kochzeit — 25 Minuten

Für den Tofu

1 EL Pflanzenöl
1 Prise Meersalz
400 g mittelfester Tofu, in 4 cm große und 1 cm dicke Quadrate geschnitten

Für die Würzsauce

2 EL Apfelessig
1 EL vegetarische Austernsauce
1 EL Sojasauce oder vegetarische Umamisauce
1 EL Ahornsirup

Für das Gemüse

1 EL Pflanzenöl
1 runde Schalotte, fein gehackt
1 Knoblauchzehe, fein gehackt
350 g Tomaten, in mundgerechte Stücke geschnitten
3 Frühlingszwiebeln, schräg in Ringe geschnitten
1 Handvoll Blattspinat

Zum Servieren

3 Zweige Thaibasilikum

In einer großen Pfanne 1 EL Öl mit dem Salz erhitzen und den Tofu darin bei mittlerer Hitze von jeder Seite 8 Minuten braten, bis er rundum goldbraun ist. Aus der Pfanne heben und auf Küchenpapier abtropfen lassen.

Für die Würzsauce Apfelessig, Austernsauce, Soja- oder Umamisauce und Ahornsirup in einer kleinen Schüssel verrühren. Beiseitestellen.

Für das Gemüse nochmals 1 EL Öl in der Pfanne erhitzen. Die Schalotte darin bei mittlerer bis starker Hitze anbraten, bis sie Farbe angenommen hat. Den Knoblauch zugeben und ebenfalls bräunen. Die Tomaten hinzufügen und kräftig anbraten. Den gebratenen Tofu zugeben und unter vorsichtigem Rühren einige Minuten erhitzen. Nun die Würzsauce unterrühren. Frühlingszwiebeln und Spinat zugeben und weitere 2 Minuten unter vorsichtigem Rühren garen, bis der Spinat zusammengefallen ist.

Mit Thaibasilikum garnieren und mit gedämpftem Reis servieren.

DREI

SALATTAGE

SALATTAGE

Salate sind in Vietnam meist der Star der Show. Sie werden mit Crackern serviert oder mit Reis und anderen Gerichten genossen. Ihre schönen und saisonalen Zutaten, wie die köstliche grüne Papaya oder Mango, die rosafarbene und pralle Pomelo oder die süßen Granatapfelkerne gelten als wertvoll und kostbar und sind für besondere Anlässe reserviert.

Bis in meine frühen Zwanziger wusste ich nicht wirklich, wie man kocht. In meiner Kindheit und Jugend sorgte meine Mutter dafür, dass ich gutes Essen bekam. Sie fand es wichtiger, dass ich meine Hausaufgaben machte, als mich in der Küche auszutoben. Immerhin: Ich war oft Teil der Frühlingsrollen-Produktionslinie, faltete perfekte *bao buns* und zupfte Kräuter wie der Wind.

Als ich älter wurde, reiste ich weit von zu Hause weg und sehnte mich nach der Küche meiner Mutter, nach Papayasalat und *phở*. Ich besuchte karge asiatische Läden, in denen es nur vakuumverpackte Kekse, Instantnudeln und Gläser mit Was-weiß-ich-was gab. Also versuchte ich, das Essen, das ich vermisste, nachzukochen. So begannen meine kulinarischen Abenteuer.

Ich habe mir Variationen vietnamesischer Salate ausgedacht, wie Erdbeere, Wassermelone und Feldsalat, angemacht mit Soja, Balsamicoessig und Zitrone. Ich habe alles verwendet, was verfügbar war: unreife Galiamelonen, knackige Nektarinen und Karotte mit Zuckerschoten, Chilis, Honig, Sojasauce und vieles mehr.

Diese Gaumenfreuden habe ich mit Freunden geteilt, und die komplexen Aromen und aufregenden Texturen haben uns alle begeistert, während wir bis in die Nacht hinein zu Musik von Radiohead bis Frank Sinatra gesungen haben. Ohne dass ich es damals hätte ahnen können, haben diese kostbaren Salattage den Kurs meines Lebens bestimmt. Ich reiste, um mich zu verlieren, und fand mich in den Gängen fremder Supermärkte wieder, wo ich Flaschen und Gläser begutachtete, um die essbare Palette mit den bunten Farben meiner Kindheit zu rekonstruieren.

MANGO-MELONEN-SALAT MIT POMELO

XOÀI DƯA LƯỚI BƯỞI SỐT CHANH DÂY

Bevor in Italien der Euro eingeführt wurde, war mein Portemonnaie vollgestopft mit speckigen Lirescheinen. Sie waren alle für einen kleinen Gemüsehändler am Rande eines traumhaften Bergdorfs irgendwo in der Nähe der ligurischen Küste bestimmt. Die Wände des Ladens waren unverputzt, die grüne Glastür schlug ein Glockenspiel an, und eine kahle Glühbirne hing von der Decke – über einer wunderschönen Auslage mit den süßesten, pelzigen Sommerpfirsichen, wohlgeformten Nektarinen, reifen Zitronen, prallen, karminroten Kirschen und einer Reihe gelber, blasser und grüner Zucchini, von denen einige blühten, andere krumm und stachelig waren. Die frischen Früchte, die erst am Vortag geerntet worden waren, waren köstlich! Wählen Sie Melone und Mango nach dem Aroma aus: Je stärker sie duften, desto süßer schmecken sie. Gleichen Sie diese Süße mit Ihrem Dressing aus: Verwenden Sie weniger Honig, wenn die Früchte süß sind, und mehr, wenn sie sauer sind.

Für 4 Personen
Vorbereitungszeit — 20 Minuten
Kochzeit — 20 Minuten

Für das Passionsfrucht-Zitrone-Honig-Dressing

½ EL Sojasauce oder vegetarische Umamisauce
Fruchtfleisch und Saft von 1 Passionsfrucht
½ EL Honig
1 Vogelaugenchili, fein gehackt
Saft von ½ Bio-Zitrone oder Bio-Limette

Für den Salat

1 Zucchini, längs in dünne Scheiben geschnitten
½ Honigmelone, geschält, halbiert und in Halbmonde geschnitten
1 unreife Mango, geschält, halbiert und in dünne Halbmonde geschnitten
abgeriebene Schale von ½ Bio-Zitrone oder ½ Bio-Limette
2 Zweige Minze, nur die Blätter, fein gehackt
⅓ rosa Pomelo, in mundgerechte Stücke geteilt, oder Kerne von ⅓ Granatapfel

Alle Zutaten für das Dressing in einer kleinen Schüssel verrühren. Dabei von der Zitrone oder Limette die Schale fein abreiben – sie wird für den Salat verwendet.

Eine Grillpfanne stark erhitzen. Die Zucchinischeiben darin von beiden Seiten braten, bis sie rundum hübsche dunkelbraune Flecken haben. Abkühlen lassen.

Melone, Mango und Zucchini auf einen Servierteller geben und sorgfältig vermengen. Mit dem Dressing beträufeln und mit Zitrusschale, Minze und Pomelostücken oder Granatapfelkernen garnieren.

HINWEIS

Wenn Sie keine rosa Pomelo bekommen können, verwenden Sie rosa Grapefruit. Dieser Salat schmeckt auch mit Apfel-, Birnen- und Nektarinenscheiben köstlich.

WASSERMELONE-ERDBEER-SALAT MIT CHILISALZ

DƯA HẤU, DÂU TÂY TRỘN MUỐI ỚT

In Vietnam wird Wassermelone üblicherweise mit Chilisalz serviert, um ihren einzigartigen Geschmack und ihre Süße zu unterstreichen.

Für 4 Personen
Vorbereitungszeit — 20 Minuten

Für das Salatdressing

1 EL vegetarische Umamisauce
1 EL Limettensaft
½ EL Ahornsirup oder Honig

Für das Chilisalz

2 TL Meersalzflocken
1 Vogelaugenchili, fein gehackt

Für den Salat

Brunnenkresse oder Feldsalat
2 EL schwarze Oliven, entsteint, grob gehackt
500–800 g Wassermelone, in mundgerechte Stücke geschnitten, Kerne entfernt
4 große Erdbeeren, in Scheiben geschnitten

Alle Zutaten für das Salatdressing in ein Schraubglas geben, verschließen und kräftig schütteln.

Für das Chilisalz Salz und Chili in einen Mörser geben und zu einem rosafarbenen Salz zerstoßen.

Brunnenkresse oder Feldsalat und Oliven in einer Salatschüssel oder auf einem Servierteller vermischen. Mit dem Dressing beträufeln. Wassermelone und Erdbeeren darauf verteilen. Mit dem Chilisalz bestreut, servieren oder das Salz getrennt reichen und die Melonenstücke hineindippen.

GRÜNER PAPAYASALAT MIT POMELO, APFEL UND ARTISCHOCKE

GỎI ĐU ĐỦ TRỘN BƯỞI, TÁO VÀ ATISÔ

In einem Papayasalat schmeckt man die ganze Tiefe und Komplexität vietnamesischer Aromen. Unsere Salatdressings müssen die richtige Balance zwischen süß, sauer, pikant und scharf haben, dabei spielen hochwertige Saucen eine große Rolle. Da Papayas, diese schönen asiatischen Früchte, nicht immer zu finden sind, können knackige Gemüse wie Karotte und Weißkohl helfen, den Salat aufzupeppen. Die Art und Weise, wie Sie das Gemüse schneiden oder raspeln, wirkt sich auf die Gesamtstruktur, den Geschmack und die Textur aus, sodass es sich lohnt, in eine vietnamesische Juliennereibe zu investieren. Raspeln Sie alles der Länge nach in nudelartige Streifen. Schneiden Sie dünne Scheiben mit einem Sparschäler. Auch hier ist die Form wichtig: Zu große Stücke sind überwältigend, zu kleine nicht zufriedenstellend. Zerkleinern Sie Ihr Gemüse niemals im Mixer, sonst werden Ihre Salate nass und matschig.

Für 4 Personen
Vorbereitungszeit — 30 Minuten

Für den Salat

1 grüne Papaya, geschält und in Juliennestreifen geschnitten
1 Karotte, in Juliennestreifen geschnitten
100 g Zuckerschoten, Fäden entfernt
½ Kohlrabi, in Juliennestreifen geschnitten
1 Apfel (Pink Lady oder eine andere rote Sorte), Kerngehäuse entfernt, in 3 mm dicke Scheiben geschnitten, mit Wasser und dem Saft von ½ Zitrone bedeckt, dann abgegossen
10 Stängel vietnamesischer Koriander, nur die Blätter, in 2 cm große Stücke geschnitten
300 g marinierte Artischockenherzen aus der Dose, abgegossen
¼ rosa Pomelo, geschält, Haut entfernt und Fruchtfleisch in 3 cm große Würfel geschnitten (nach Belieben)
Kerne von ½ Granatapfel
abgeriebene Schale von ½ Bio-Limette
20 g Koriander, nur die Blätter

Für das Dressing

2 EL Ahornsirup
3 EL vegane Fischsauce (s. S. 193) oder vegetarische Umamisauce
3 EL Limettensaft
2 Knoblauchzehen, zerdrückt
1 Vogelaugenchili, fein gehackt
3 EL geschälte Pistazien oder gesalzene, geröstete Erdnüsse, grob gehackt oder zerstoßen

Zum Servieren

Vogelaugenchili, in feine Ringe geschnitten (nach Belieben)
Reiscracker

Papaya, Karotte, Zuckerschoten, Kohlrabi, Apfel und vietnamesischen Koriander in einer großen Rührschüssel vermengen. Die Artischocken zugeben und vorsichtig unterheben.

Die Zutaten für das Dressing verrühren, über den Salat gießen und alles gut vermischen.

Den Salat auf einem Servierteller anrichten, mit Pomelo nach Belieben, Granatapfelkernen, Limettenschale und Koriander bestreuen.

Nach Belieben mit Chiliringen garnieren. Sofort mit Reiscrackern servieren.

GEGRILLTER PFIRSICHSALAT MIT ORANGE UND TOMATE

XÀ LÁCH CÀ CHUA, ĐÀO NƯỚNG VÀ CAM

Auf diesem Teller finden sich alle Freuden des Sommers. Genießen Sie ihn mit einem frischen, knusprigen Baguette und einem Glas kühlem, prickelndem Wasser.

Für 4 Personen
Vorbereitungszeit — 20 Minuten
Kochzeit — 20 Minuten

4 Pfirsiche, entsteint und geviertelt
4 kleine runde Schalotten, in dünne Streifen geschnitten
1 EL Apfelessig
1 EL Zucker
¼ TL frisch gemahlener schwarzer Pfeffer
4 Tomaten (alte Sorten oder andere Sommertomaten)
2 Blut- oder Sommerorangen

Für das Marmelade-Senf-Dressing

1 grüne Vogelaugenchili
1 TL fermentierter Tofu, zerdrückt, oder 2 EL Worcestersauce
1 EL Perillasauce, Sojasauce, Umamisauce oder vegane Fischsauce (s. S. 193)
1 TL scharfer Senf
1 TL Zitrusmarmelade

Zum Servieren

Thaibasilikum, vietnamesischer Koriander oder Minze, große Blätter gehackt, kleine ganz

Eine Grillpfanne erhitzen und die Pfirsichstücke darin bei mittlerer Hitze von allen Seiten bräunen. Beiseitestellen und abkühlen lassen.

Schalotten, Essig, Zucker und Pfeffer in einer kleinen Schüssel vermischen und 15 Minuten ziehen lassen.

In der Zwischenzeit die Tomaten horizontal in dünne Scheiben schneiden und auf einem großen Teller auslegen. Die Orangen ebenfalls horizontal in dünne Scheiben schneiden, die Schale entfernen und die Fruchtscheiben auf die Tomaten legen. Die gegrillten Pfirsiche darauf verteilen. Die eingelegten Schalotten mit der Flüssigkeit über den Salat geben.

Alle Zutaten für das Dressing in einer kleinen Schüssel verrühren.

Den Salat mit dem Dressing beträufeln, mit Thaibasilikum, Koriander oder Minze bestreuen und servieren. Frisches Baguette oder anderes knuspriges Brot dazu reichen.

GEMÜSESALAT MIT GEFÜLLTEN ZUCCHINIBLÜTEN

BÔNG BÍ NHỒI ĐẬU HỦ VÀ CÀ TÍM

Genießen Sie diesen Zucchiniblütensalat mit einem knusprigen Baguette oder mit Fladen aus Reis-Vermicelli– ein Fest für alle Sinne.

Für 4 Personen
Vorbereitungszeit — 40 Minuten
Kochzeit — 45 Minuten–1 Stunde

Für den Salat

2 Zucchini, längs in 5 mm dünne Scheiben geschnitten
1 Aubergine (möglichst von der Sorte Graffiti), längs in 5 mm dünne Scheiben geschnitten
100 g Brokkolini, in Röschen zerteilt
100 g grüner Spargel, holzige Enden entfernt

Für das Mango-Minz-Dressing

1 Vogelaugenchili, fein gehackt
1 Knoblauchzehe, zerdrückt
2 EL Mangochutney
2 EL vegetarische Umamisauce
abgeriebene Schale und Saft von ½ Bio-Limette oder ½ Bio-Zitrone
10 g Minzeblätter, fein gehackt

Für die gefüllten Zucchiniblüten

1 EL Rapsöl
2 Knoblauchzehen, fein gehackt
250 g Auberginen (möglichst von der Sorte Graffiti), in 5 mm kleine Würfel geschnitten
¼ TL Zucker
¼ TL frisch gemahlener schwarzer Pfeffer
2 EL vegetarische Umamisauce, Umamipaste oder Gemüse-Würzpaste
100 g Erbsen
150 g Seidentofu, grob zerdrückt
10 g Korianderstängel, fein gehackt
12 Zucchiniblüten, Stempel und Staubgefäße entfernt
2 Eier, verquirlt
4 EL Panko (jap. Paniermehl) oder selbst gemachte Semmelbrösel
3 EL Pflanzenöl

HINWEIS

Wenn Zucchiniblüten gerade keine Saison haben, braten Sie nur die Füllung und verteilen Sie sie über das gegrillte Gemüse.

Zucchini, Aubergine, Brokkolini und Spargel in einer heißen Grillpfanne oder auf dem Holzkohlegrill von allen Seiten gut bräunen. Auf einem Servierteller verteilen und beiseitestellen.

Alle Zutaten für das Dressing in einer kleinen Schüssel verrühren.

Für die gefüllten Zucchiniblüten das Öl in einer Pfanne erhitzen. Den Knoblauch darin bei mittlerer Hitze braten, bis er an den Rändern braun zu werden beginnt. Auberginenwürfel, Zucker, Pfeffer und Umamisauce oder -paste zugeben und alles gut vermengen. Den Deckel auflegen und 5 Minuten köcheln lassen, damit die Auberginen weich werden. Die Erbsen zugeben und den Tofu unterrühren. Weitere 2 Minuten köcheln lassen, vom Herd nehmen und die Füllung auf Zimmertemperatur abkühlen lassen. Dann den Koriander untermischen.

Jede Zucchiniblüte vorsichtig füllen und die Enden der Blütenblätter leicht zusammendrehen, um die Füllung zu verschließen.

Das verquirlte Ei in einen Teller geben und die Semmelbrösel in einen anderen. Die Zucchiniblüten nacheinander im Ei wenden, bis sie ringsum von Ei überzogen sind, dann in den Semmelbröseln wenden.

Das Öl in einer Pfanne erhitzen und die Zucchiniblüten darin bei mittlerer Hitze goldbraun werden lassen. Auf Küchenpapier abtropfen lassen. Die Zucchiniblüten auf dem gegrillten Gemüse verteilen und alles mit dem Dressing beträufeln.

GEMISCHTE SOMMERROLLEN

GỎI CUỐN

Diese frischen Salatrollen aus Reispapier sind so köstlich und bei vielen beliebt. Je mehr Mühe Sie sich mit der Füllung geben, desto größer ist hinterher die Belohnung, obwohl sich die Rollen auch hervorragend eignen, um Reste zu verarbeiten. Sommerrollen sind wie gemacht für eine lustige Dinnerparty, bei der das Eis gebrochen werden soll. Füllen Sie Ihre Rollen mit kontrastierenden Aromen und Texturen, zum Beispiel mit weichen, seidigen und fleischigen Pilzen, gepaart mit knackigem Topinambur. Für eine bunte Mischung an Sommerrollen eignen sich unterschiedliche Salatblätter. Je mehr Kräuter Sie verwenden können, desto besser werden die Röllchen, aber nur taufrische Kräuter aus dem Sommergarten wirken magisch.

Ergibt 6 Stück
Vorbereitungszeit — 30–40 Minuten
Kochzeit — 20 Minuten

Für die Pilz-Tofu-Topinambur-Füllung

10 g Butter
1 TL Olivenöl
1 kleine runde Schalotte, fein gehackt
2 Knoblauchzehen, fein gehackt
150 g gemischte Pilze, in Scheiben geschnitten
1 EL vegetarische Austernsauce
1 Prise frisch gemahlener schwarzer Pfeffer
200 g gebratener Tofu, in 6 etwa 1 cm dicke Streifen geschnitten (s. S. 61)
1 TL Rapsöl
60 g Topinambur, in Stifte geschnitten

Vorschläge für alternative Füllungen

Zitronengras-Tofu (s. S. 65)
Tofu mit Salz und Pfeffer (s. S. 62);
Knusprige Gemüsecrêpes (s. S. 122), in Streifen geschnitten;
Vietnamesische Teigstangen (s. S. 32), schräg in Stücke geschnitten;
Vegetarische Frühlingsrollen (s. S. 118), schräg in Stücke geschnitten

Für die Rollen

6 Blätter Reispapier (Ø 22 cm)
je 20 g von diesen Kräutern: Koriander, Minze, vietnamesische Minze, Shiso, Molchschwanz, vietnamesischer Koriander, Schnittknoblauch
6 weiche Blätter Kopfsalat oder knackige Römersalatblätter
80 g Reis-Vermicelli, in kochendem Wasser eingeweicht, dann abgegossen

Zum Servieren

Hoisin-Erdnussbutter-Dip (s. S. 213)

Für die Füllung Butter und Öl in einer Pfanne erhitzen. Die Schalotte darin bei mittlerer bis starker Hitze anbraten, bis sie Farbe anzunehmen beginnt. Dann den Knoblauch zugeben und ebenfalls goldbraun werden lassen. Die Pilze mit Austernsauce und Pfeffer zugeben und unter Rühren einige Minuten rösten. Den Tofu untermischen und weiterbraten, bis die Pilze weich sind. Beiseitestellen und abkühlen lassen.

Das Rapsöl in derselben Pfanne erhitzen. Den Topinambur darin bei mittlerer bis starker Hitze 1 Minute ziehen lassen, dann einige Minuten unter Rühren braten, bis er braun ist. In einer weiteren Schüssel abkühlen lassen.

Den Hoisin-Erdnussbutter-Dip, wie auf S. 213 beschrieben, zubereiten und beiseitestellen.

Etwas kaltes Wasser in einen großen Teller geben und das Reispapier 1 Sekunde eintauchen. Flach auf einem Brett auslegen.

Stellen Sie sich vor, dass das Papier ein Gesicht ist. In der unteren Mitte, wo der Mund wäre, platziert man die Füllung und eine kleine Portion Kräuter, Salat und Nudeln. Wenn die Füllung feucht ist, diese auf einem Salatblatt platzieren, um zu verhindern, dass das Papier durch die Feuchtigkeit aufweicht. Die beiden Seiten (wo sich die Ohren befinden würden) einrollen. Dann die untere Seite - das Kinn - umklappen, um die Zutaten zu bedecken. Es sollte aussehen, als würde man einen Umschlag falten. Anschließend so fest wie möglich, von unten beginnend, aufrollen, bis man das obere Ende des Reispapiers erreicht hat.

Sofort mit dem Dip servieren oder in einem verschlossenen Behälter aufbewahren und innerhalb der nächsten 2–3 Stunden servieren.

SPIESSE AUS SÜSSKARTOFFELN UND SELLERIE IN BETELBLÄTTERN

LÁ LỐT CUỘN RAU CỦ

Diese süßlich karamellisierten Spieße sind unwiderstehlich. Kombiniert mit der Schärfe und den Aromen der pfeffrigen, leicht bitteren Betelblätter entsteht eine wahre Geschmacksexplosion. Beim Kochen verströmen die Blätter einen herrlichen zimtähnlichen Duft, der in der Luft und auf unseren Geschmacksknospen verweilt. Die Spieße passen hervorragend zu Jasminreis oder auf einem Vermicelli-Nudelsalat (s. S. 137). Wenn Sie Holzspieße verwenden, müssen diese zuvor in Wasser eingeweicht werden.

Für 4 Personen
Vorbereitungszeit — 30 Minuten
Kochzeit — 50 Minuten

3 EL Rapsöl
200 g lila Süßkartoffeln, geschält und in pommesähnliche Stifte geschnitten
200 g orangefarbene Süßkartoffeln, geschält und in pommesähnliche Stifte geschnitten
200 g Knollensellerie, geschält und in pommesähnliche Stifte geschnitten
Meersalz und frisch gemahlener schwarzer Pfeffer
2 EL Zitronengras-Chili-Öl (s. S. 210)
100 g Betelblätter, mit einer Schere entstielt, dabei 1 cm Stiel stehen lassen

Zum Servieren

1 EL Sesamöl
2 EL Frühlingszwiebelöl (s. S. 210)
2 EL gesalzene Erdnüsse, grob gehackt

Außerdem

(Holz-)Spieße

Den Backofen auf 200 °C (Umluft) vorheizen.

Ein Backblech mit 2 EL Öl beträufeln und 15 Minuten im Ofen erhitzen.

Süßkartoffel- und Selleriestifte darauf verteilen; das Öl sollte zischen. Kartoffeln und Sellerie sehr vorsichtig mit einer Zange im heißen Öl wenden, bis sie rundum überzogen sind. Gleichmäßig verteilen und etwas Abstand zwischen ihnen lassen. Mit Salz und Pfeffer würzen und 25–30 Minuten im Ofen backen, dabei nach der Hälfte der Zeit einmal wenden.

Eventuell angebackene Stifte mit einem Kochspatel lösen. Mit Zitronengras-Chili-Öl beträufeln und die Stifte sorgfältig darin wenden.

Ein Betelblatt mit der glänzenden Seite nach unten und dem Stiel zu Ihnen auf ein Schneidebrett legen (falls das Blatt zu klein ist, können auch zwei nebeneinander verwendet werden). Einen Süßkartoffel- oder Selleriestift am Stielende auf das Blatt legen, das Blatt samt Füllung zu einer Zigarre rollen und mit der Verschlusskante nach unten ablegen. Diesen Vorgang wiederholen, bis alle Zutaten aufgebraucht sind. Jeweils drei oder vier Rollen auf kurze Spieße stecken.

Die Spieße in einer heißen Grillpfanne oder auf dem Holzkohlegrill 2 Minuten von jeder Seite grillen.

Mit Sesam- und Frühlingszwiebelöl beträufeln und mit Erdnüssen bestreuen und zu einem Vermicelli-Nudelsalat (s. S. 137) oder zu einer Schale Reis servieren.

HINWEIS

Es gibt nichts, was den besonderen Geschmack von Betelblättern ersetzen kann. Wenn Sie jedoch keine Betelblätter bekommen können, verwenden Sie Shisoblätter oder andere Blätter, die nicht zu wässrig sind, wie z. B. in Streifen geschnittener Mangold, Schwarzkohl, Wirsing oder Weißkohl.

VIER

NUDELGERICHTE

»*Tội nghiệp Ma Nga qua*« (Du Arme, Mami), würde ich ihr sanft mein Mitleid aussprechen – nicht dafür, dass sie köstliche Nudeln vor sich stehen hat, sondern weil sie melancholisch und einsam ein Nudelgericht von einem einzigen Teller isst, statt ihre Mahlzeit mit anderen zu teilen, wie für Vietnamesen üblich. Meine Mutter wünscht mir dasselbe, wenn ich krank oder traurig bin, und es hat mich immer aufgemuntert, auf diese Weise verstanden und wahrgenommen zu werden.

Im Laufe der Zeit gewöhnte unsere Familie sich an, Ein-Teller-Mahlzeiten vor dem Fernseher einzunehmen. Mein Bruder und ich tanzten im Wohnzimmer um unsere Soloteller, während aus der Stereoanlage *Everywhere* von Fleetwood Mac ertönte. Gewellte Nudeln hingen uns aus dem Mund, während wir das Video *Take On Me* von A-ha bestaunten, und das Schlürfen der Nudeln tröstete uns, als wir das Elfmeterschießen zwischen England und Deutschland verfolgten. Wir bezeichneten das Essen von einem einzigen Teller als »Essen nach englischer Art« und fühlten uns ein bisschen wie Briten, weil auch wir von Tellern und nicht aus vielen kleinen Schüsseln aßen.

Als wir in Großbritannien ankamen, lebten wir einen nicht enden wollenden Winter lang in einer kleinen Frühstückspension. Wir hatten kein Geld und keine Küche, also aßen wir dank des Wasserkochers in unserem Zimmer ständig Instantnudeln, aber meine Mutter verfeinerte sie mit allen Gemüsesorten, die im Laden an der Ecke angeboten wurden, wie z. B. in Scheiben geschnittenen Karotten, zerzupftem Eisbergsalat, Champignons und so weiter, gekrönt von ein paar Spritzern Würzsauce, die uns wie flüssiges Gold vorkam. Obwohl wir nicht viel hatten, zauberte sie uns herrliche Ein-Teller-Nudelgerichte. Ich mache das heute noch, mit allem, was ich gerade vorrätig habe.

SÜSSKARTOFFELNUDELN MIT GERÖSTETEM FENCHEL UND SPITZKOHL

MIẾN XÀO CÂY TIỂU HỒI HƯƠNG NƯỚNG VÀ BẮP CẢI

Dieses Gericht ist unglaublich köstlich. Das Gemüse ist knackig und saftig, während die weichen, durchsichtigen Nudeln alle Aromen der Sauce aufnehmen. Es kann heiß oder als Salat für schnelle Mahlzeiten unter der Woche oder auch zu besonderen Anlässen serviert werden.

Für 4 Personen auf einem gemeinsamen Teller
Vorbereitungszeit — 20 Minuten
Kochzeit — 35–40 Minuten

Für den gerösteten Fenchel

1 EL Rapsöl
250 g Fenchelknolle

Für die Sauce

3 Vogelaugenchilis, fein gehackt
3 EL Sojasauce
2 EL vegetarische Austernsauce
1½ EL Ahornsirup
1 EL Limettensaft
1 Prise frisch gemahlener schwarzer Pfeffer

Für die Nudeln

200 g (koreanische) Süßkartoffelnudeln, 10 Minuten abgedeckt in frisch gekochtem Wasser eingeweicht
1 EL Erdnuss- oder Avocadoöl
1 TL Sesamöl
1 EL Pflanzenöl
2 runde Schalotten, fein gehackt
2 Knoblauchzehen, fein gehackt
100 g Spitzkohl, in dünne Streifen geschnitten
250 ml Kokoswasser oder Gemüsebrühe
30 g Frühlingszwiebeln, in dünne Ringe geschnitten

Zum Servieren

20 g vietnamesischer Koriander, in 5 cm lange Stücke geschnitten
50 g Pistazien, Cashewkerne oder Erdnüsse, grob gehackt und leicht geröstet
1 großzügige Prise frisch gemahlener schwarzer Pfeffer
Crispy Chiliöl (aus dem Asialaden) oder Chilisauce (nach Belieben)

Den Backofen auf 200 °C Umluft vorheizen. Ein Backblech mit dem Öl beträufeln und im Backofen erhitzen.

Eine Grillpfanne erhitzen. Den Fenchel vierteln und in der Pfanne grillen, bis er überall stark gebräunte Stellen hat. Das heiße Backblech kurz aus dem Ofen nehmen, den Fenchel im Öl wenden und 20 Minuten im Ofen rösten.

Alle Zutaten für die Sauce in einer kleinen Schüssel verrühren und beiseitestellen.

Die Nudeln abgießen und mit der Schere in 15–20 cm lange Stücke schneiden. Mit Erdnuss- oder Avocadoöl, Sesamöl und der Hälfte der Sauce vermengen, bis alle Nudeln von Öl überzogen sind.

Sobald der Fenchel fertig ist, ½ EL Pflanzenöl in einer großen Pfanne erhitzen. Die Hälfte der Schalotten darin bei mittlerer Hitze braten, bis sie goldbraun sind. Die Hälfte des Knoblauchs zugeben und ebenfalls bräunen. Den Spitzkohl hinzufügen und mit der Hälfte von Kokoswasser oder Brühe übergießen. 2 Minuten köcheln lassen. Den gerösteten Fenchel zugeben und weitere 2 Minuten köcheln lassen. Die restliche Sauce zugießen und unter Rühren noch 1 Minute garen. Alles aus der Pfanne nehmen und auf einem Teller beiseitestellen.

Das restliche Pflanzenöl (½ EL) in derselben Pfanne erhitzen und den Rest von Schalotte und Knoblauch ebenso braten wie zuvor, bis sie goldbraun sind. Die Nudeln zugeben und etwa 4–5 Minuten unter Rühren kräftig braten, dabei nach und nach den Rest von Kokoswasser oder Brühe zugeben, damit die Nudeln garen und nicht aneinanderkleben. Die Frühlingszwiebeln unterrühren. Die Nudeln sollten feucht und glitschig sein. Vom Herd nehmen und mit dem gebratenen Gemüse vermengen.

Auf einem großen Servierteller anrichten, mit vietnamesischem Koriander, Nüssen, Pfeffer und nach Belieben Chiliöl garnieren und servieren.

HINWEIS

Sie können auch dünnere Glasnudeln aus Mungobohnen oder Pfeilwurzeln verwenden. Braten Sie sie kürzer, denn sie sind schneller gar.

SCHWARZKOHLNUDELN

MÌ XÀO CẢI ĐEN

Sie können jedes bereits geschnittene grüne Blattgemüse verwenden, um dieses ohnehin schon schnelle Gericht noch schneller zu machen. Es eignet sich perfekt als Nudelsalat für Lunchpakete oder Picknicks. Garnieren Sie es mit allem, was Sie mögen, oder halten Sie es einfach schlicht.

Für 2 Personen
Vorbereitungszeit — 5 Minuten
Kochzeit — 10 Minuten

120 g Ramen (jap. Nudeln)
½ EL Ghee oder Rapsöl
2 Schalotten, fein gehackt
2 Knoblauchzehen, in feine Scheiben geschnitten
180 g Schwarzkohl, in 3 cm große Stücke geschnitten
2 EL vegetarische Austernsauce
2 TL Crispy Chiliöl (aus dem Asialaden) oder Zitronengras-Chili-Öl (s. S. 210)
einige Mandelblättchen (nach Belieben)
½ Vogelaugenchili, fein gehackt (nach Belieben)

Zum Servieren (nach Belieben)

Korianderblätter, Schnittknoblauch, Thaibasilikum, geröstete Sesamsamen, Nüsse, Noriflocken, Chiliflocken, *gim* (koreanischer getrockneter Seetang)

Die Nudeln kochen – 3 Minuten kürzer, als auf der Packung angegeben. Dann in ein Sieb abgießen und beiseitestellen.

Ghee oder Rapsöl in einem Wok erhitzen. Die Schalotten darin bei starker Hitze braten, bis sie goldbraun sind. Den Knoblauch zugeben und 1 Minute braten, damit er sein Aroma entfalten kann. Den Schwarzkohl hinzufügen und unter Rühren zusammenfallen lassen. Nudeln und Austernsauce untermischen und unter Rühren 3 Minuten braten. Mit dem Chiliöl beträufeln und nach Belieben mit einigen Mandelblättchen bestreuen.

Mit Kräutern oder jeder anderen Garnierung, die Sie gerade zur Hand haben, bestreuen und sofort servieren.

ZUCCHINISPAGHETTI MIT MISO UND NORI

MÌ BÍ NGÒI VỚI MISO VÀ RONG BIỂN KHÔ

So schnell, so gut. Bitte sehr!

Für 1 Person
Vorbereitungszeit — 5 Minuten
Kochzeit — 15 Minuten

110 g Spaghetti
½ EL Meersalz
1 TL Ghee
1 Schalotte, in Streifen geschnitten
1 große Knoblauchzehe, halbiert
1½ TL Miso (jap. Würzpaste)
1 TL Sojasauce oder vegane Fischsauce (s. S. 193)
130 g Zucchini, in Juliennestreifen geschnitten
1 großes Eigelb, verquirlt
½ Blatt Nori (jap. getrocknete Algen), mit der Schere in 5 mm dünne Streifen geschnitten

Zum Servieren

1 EL geröstete Sesamsamen
½ TL frisch gemahlener schwarzer Pfeffer
1 EL *gim* (korean. Seetang, nach Belieben)
Chiliflocken (nach Belieben)

Wasser in einem großen Topf aufkochen. Die Spaghetti mit Meersalz zugeben und nach Packungsangabe kochen. Sobald die Nudeln 3 Minuten kochen, mit der restlichen Zubereitung beginnen.

Das Ghee in einer Pfanne bei mittlerer Hitze zerlassen. Schalotte und Knoblauch zugeben und 3 Minuten braten, bis sie Farbe angenommen haben. Miso, Soja- oder Fischsauce und etwa 50 ml Nudelkochwasser zugeben und alles gut verrühren. Die Zucchini untermischen und 1 Minute dünsten. Sobald das Gemüse etwas weicher geworden ist, weitere 50 ml Nudelkochwasser unterrühren und noch 1 Minute garen. Sobald die Nudeln fertig sind, mit einer Zange aus dem Wasser heben und in die Pfanne geben. An den Nudeln sollte noch etwas Wasser haften. Alles gut vermengen und den Herd ausschalten. Das Eigelb über die Nudeln gießen und mit der Zange untermischen. Die Noristreifen zugeben und ebenfalls untermischen.

Großzügig mit Sesamsamen, Pfeffer und, nach Belieben, *gim* und Chiliflocken bestreuen und servieren.

HINWEIS

Wenn Sie mehr als eine Portion machen möchten, bereiten Sie alle Zutaten vor und braten Sie die Nudeln portionsweise oder verwenden Sie zwei Bratpfannen.

KNUSPRIGE CHILI-TOFU-NUDELN

MÌ XÀO VỚI ĐẬU HỦ CAY GIÒN

Diese schnelle und schmackhafte Mahlzeit ist ideal, wenn Sie viel zu tun haben, aber trotzdem gut essen möchten.

Für 2 Personen
Vorbereitungszeit — 15 Minuten
Kochzeit — 5 Minuten

150 g breite Reisnudeln (5 mm)
½ EL Ghee oder Pflanzenöl
2 runde Schalotten, grob gehackt
2 Knoblauchzehen, in Scheiben geschnitten
50 g Zuckerschoten, geputzt
150 g Seidentofu
1 EL Crispy Chiliöl (aus dem Asialaden), plus mehr zum Beträufeln
2 EL Sojasauce
1 TL Sesamöl (nach Belieben)
20 g Korianderblätter und/oder Thaibasilikum, grob gehackt

Zum Servieren

abgeriebene Schale und Saft von ½ Bio-Limette (nach Belieben)

Die Nudeln in einem Topf oder einer Schüssel mit kochendem Wasser übergießen. Einen Deckel auflegen und mindestens 4 Minuten einweichen lassen. Falls die Nudeln noch nicht gar sind, den Deckel noch einmal auflegen und die Nudeln weiter ziehen lassen. Jede Nudelsorte erfordert eine andere Garzeit.

Die Nudeln abgießen und mit heißem Leitungswasser abspülen, bis das Wasser klar abfließt. Einen Deckel auf das Sieb legen und die Nudeln durch Schütteln auflockern.

Ghee oder Öl in einer Pfanne erhitzen. Die Schalotten darin bei starker Hitze braten, bis sie goldbraun sind, dann den Knoblauch zugeben und 1 weitere Minute braten. Die Zuckerschoten hinzufügen und die Pfanne schwenken, bis das Gemüse gleichmäßig gebräunt ist. Den Tofu hineingeben und mit einem Holzlöffel oder Kochstäbchen zerdrücken. Chiliöl, Sojasauce und nach Belieben Sesamöl unterrühren. Die Nudeln untermischen und unter Rühren einige Minuten mitbraten. Koriander und/oder Thaibasilikum unterrühren. Nach Belieben mit Limettenschale bestreuen, mit Limettensaft und weiterem Chiliöl beträufeln und sofort servieren.

HINWEIS

Sie können dieses Gericht mit jedem grünen, knackigen Gemüse, Bohnensprossen oder Blattgemüse zubereiten. Es eignet sich gut für Reisnudeln, aber wenn Sie andere Nudeln haben, können Sie auch diese verwenden. Den Seidentofu können Sie auch durch eine festere Sorte oder sogar durch ein verquirltes Ei ersetzen.

Bei mehr als zwei Portionen sollten Sie das Gericht portionsweise braten. Wenn die Pfanne mit der doppelten Menge an Zutaten zu voll ist, kann man sie nicht mehr so gut braten.

BREITE REISNUDELN MIT BOHNENSPROSSEN UND SCHNITTKNOBLAUCH

HỦ TIẾU XÀO GIÁ HẸ

Täuschend schlicht und einfach, aber jedes Mal ein Volltreffer. Achten Sie darauf, dass der Wok heiß genug ist, damit die Nudeln gebräunte Ränder bekommen. Schnittknoblauch ist leicht zu bekommen, aber suchen Sie auch nach Glöckchen-Lauch, denn er schmeckt zu diesem Gericht fantastisch.

Für 2 Personen
Vorbereitungszeit — 10 Minuten
Kochzeit — 8–10 Minuten

1 EL Rapsöl
1 runde Schalotte, grob gehackt
4 Knoblauchzehen, in dünne Scheiben geschnitten
400 g frische breite Reisnudeln (*ho fun*)
2 EL helle Sojasauce
½ EL Ghee oder Rapsöl
1 Zwiebel, der Länge nach in 2 cm dicke Ringe geschnitten
100 g Bohnensprossen
1 EL vegetarische Austernsauce
50 g Schnittknoblauch oder Glöckchen-Lauch mit Blüten, mit der Schere in 3 cm lange Stücke geschnitten
1 Prise frisch gemahlener schwarzer Pfeffer

Zum Servieren

Chiliöl
Vogelaugenchilis, in Ringe geschnitten

Das Öl in einem Wok oder einer Pfanne erhitzen. Schalotte und Knoblauch darin bei starker Hitze braten, bis sie Farbe angenommen haben. Unter kräftigem Rühren mit Kochstäbchen Nudeln und Sojasauce zugeben. Die Nudeln ab und zu rühren, aber auch mal etwas setzen lassen, damit sie an den Rändern bräunen können. Etwa 2–3 Minuten unter Rühren braten, bis die Nudeln weich geworden sind. Auf einen Servierteller geben und beiseitestellen.

Ghee oder Rapsöl in derselben Pfanne erhitzen. Die Zwiebel darin bei starker Hitze und unter Rühren oder Schwenken braten, bis sie Farbe angenommen hat. Bohnensprossen und Austernsauce zugeben und vermengen. Den Schnittknoblauch ebenfalls untermischen. Das Gemüse einige Minuten braten, dann über die Nudeln geben. Mit Pfeffer bestreuen und sofort servieren.

Chiliöl und Chili getrennt dazu reichen.

HINWEIS

Sie können auch getrocknete und eingeweichte Reisnudeln verwenden, wenn Sie keine frischen finden können.

WINTERMELONENPFANNE MIT TOFU UND GLASNUDELN

MIẾN XÀO BÍ ĐAO VÀ ĐẬU HỦ

Einfache Gemüsepfannen sind schön, aber manchmal müssen sie mit geschmeidigen Glasnudeln aufgepeppt werden, die alle Aromen auf die köstlichste Weise annehmen.

Für 2–4 Personen auf einem gemeinsamen Teller
Vorbereitungszeit — 15 Minuten
Kochzeit — 25 Minuten

300 g mittelfester Tofu, in 1 × 4 cm große Quadrate geschnitten
1 EL Rapsöl
4 Knoblauchzehen, in dünne Scheiben geschnitten
2–3 Vogelaugenchilis, 1–2 fein gehackt, 1 in dünne Ringe geschnitten (nach Belieben)
250 g Wintermelone oder Wachskürbis, geschält, Samen entfernt und Fruchtfleisch in dünne Scheiben geschnitten
100 g dünne Glasnudeln, 10 Minuten in kaltem Wasser eingeweicht und abgegossen
250 ml Aloe-Vera-Saft oder Kokoswasser
1½ EL vegetarische Austernsauce
1 EL Sojasauce, vegetarische Umami- oder vegane Fischsauce (s. S. 193)

Zum Servieren

1 Prise frisch gemahlener schwarzer Pfeffer
1 EL Crispy Chiliöl (aus dem Asialaden) oder Zitronengras-Chili-Öl (s. S. 210, nach Belieben)
1 Vogelaugenchili, in dünne Ringe geschnitten (nach Belieben)

Den Tofu braten, wie auf S. 61 beschrieben, und beiseitestellen.

Das Öl in einem Wok oder einer Pfanne stark erhitzen. Knoblauch und nach Belieben 1–2 gehackte Chilis darin bei mittlerer bis starker Hitze braten, bis der Knoblauch goldbraun ist. Die Wintermelone oder den Wachskürbis zugeben und etwa 1 Minute goldbraun braten. Nudeln und Tofu hinzufügen und alles gut vermengen.

Unter Rühren 1 Minute braten, dann die Hälfte von Aloe-Vera-Saft oder Kokoswasser zugießen. Austern- und Soja-, Umami- oder Fischsauce unterrühren. Nochmals 1 Minute braten. Ist die Mischung zu trocken, noch etwas Aloe-Vera-Saft oder Kokoswasser zugießen. Sobald Nudeln und Gemüse zusammengefallen und gut vermischt sind, vom Herd nehmen und auf einem großen Teller anrichten.

Mit Pfeffer würzen und nach Belieben mit Crispy Chiliöl beträufeln oder mit Chiliringen bestreuen und sofort servieren.

HINWEIS

Dieses Gericht kann auch mit in Scheiben geschnittenem Brokkoli, Kohlrabi, Kimchi, Kürbis, Zucchini, Spargel, grünen Bohnen oder Bohnensprossen zubereitet werden.

KALTE NUDELN »SCHNELL UND FAUL«

MÌ TRỘN

Mit diesem Rezept können Sie an hektischen Tagen einfach und superschnell ein köstliches Essen zubereiten, und zwar aus all den Dingen, die Sie im Kühlschrank und im Vorratsschrank haben. Stellen Sie sicher, dass Ihr Knoblauch-Schalotten-Öl schön heiß ist. Ich verwende gern kaltgepresstes Rapsöl, Sie können aber auch Sonnenblumenöl nehmen. Wenn Sie für mehrere Personen kochen, verteilen Sie die Nudeln zunächst auf einzelne Teller und übergießen Sie sie erst kurz vor dem Servieren mit dem heißen Öl.

Für 2 Personen
Vorbereitungszeit — 15 Minuten
Kochzeit — 10 Minuten

100 g breite Reisnudeln oder gekochte Ramen (jap. Nudeln)
2 EL Rapsöl
1 kleine runde Schalotte, in Streifen geschnitten
2 TL geröstete Sesamsamen
2 EL Crispy Chiliöl (aus dem Asialaden)
2 EL helle Sojasauce
1½ TL Ahornsirup
1 TL schwarzer Essig oder Apfelessig
2 TL Sesamöl
20 g Korianderblätter
30 g Schnittknoblauch (nach Belieben)
2 Knoblauchzehen, in Scheiben geschnitten

Zum Servieren
2 TL heiße helle chinesische Sojasauce

Die Nudeln in einem Topf oder einer Schüssel mit kochendem Wasser übergießen. Einen Deckel auflegen und mindestens 4 Minuten einweichen lassen. Falls die Nudeln noch nicht gar sind, den Deckel noch einmal auflegen und die Nudeln weiter ziehen lassen.

Dann die Nudeln abgießen und mit heißem Leitungswasser abspülen, bis das Wasser klar abfließt. Das Sieb abdecken und die Nudeln trocknen lassen, das lockert sie auf.

Das Öl in einer kleinen Pfanne erhitzen. Die Schalotte darin bei schwacher Hitze etwa 3 Minuten braten.

In der Zwischenzeit Sesamsamen, Crispy Chiliöl, Sojasauce, Ahornsirup, Essig, Sesamöl, Koriander und nach Belieben Schnittknoblauch auf zwei Nudelschalen verteilen.

Nun den Knoblauch zu den Schalotten geben und bei starker Hitze 2 Minuten braten, bis er gebräunt ist und im Öl brutzelt.

Das heiße Knoblauch-Schalotten-Öl in die vorbereiteten Schalen gießen und die Nudeln zugeben.

Sofort servieren. Der Spaß besteht darin, alles während des Essens mit den Stäbchen zu vermischen. Nach Belieben mit heißer Sojasauce beträufeln und mit Ihren Lieblingsgewürzen verfeinern.

GEBRATENE *BÁNH-CANH*-NUDELN MIT LILA WINTERBROKKOLI

BÁNH CANH XÀO BẮP CẢI TÍ HON TÍM

Ich bevorzuge *bánh-canh*-Nudeln für dieses Gericht, weil sie so einen wunderbaren Biss haben. Sie können jedes Gemüse verwenden, das Sie mögen, denken Sie dabei aber an knackige Texturen als Kontrast zu den seidigen Nudeln. Schnelle Wokgerichte wie dieses sind der Stoff, aus dem die Träume sind, und mit einem Spiegelei geradezu fantastisch.

Für 2 Personen
Vorbereitungszeit — 10 Minuten
Kochzeit — 15 Minuten

400 g hausgemachte *bánh-canh*-Nudeln (s. S. 198) oder 400 g frische Udon (jap. dicke Nudeln)
3 EL Rapsöl
2 kleine runde Schalotten, fein gehackt
1 EL vegetarische Austernsauce oder ½ EL schwarze Bohnensauce
1 Prise frisch gemahlener schwarzer Pfeffer
4 Knoblauchzehen, fein gehackt
100 g lila Winterbrokkoli
50 g Bohnensprossen
1 rote Chili, gehackt (nach Belieben)

Für die Würzsauce

2 EL Perillasauce, alternativ 1 EL Sojasauce oder vegane Fischsauce (s. S. 193)
1 EL Ahornsirup
1 TL Apfelessig oder schwarzer Essig

Zum Servieren

2 EL *gim* (korean. Seetang)
japanische Chiliflocken (nach Belieben)

HINWEIS

Lila Winterbrokkoli, auch Sprossenbrokkoli genannt, findet man manchmal in kleinen Gemüseläden. Sie können ihn auch durch Brokkolini ersetzen.

Die selbst gemachten Nudeln garen oder die Udonnudeln 5 Minuten in kochendem Wasser einweichen, abgießen und sorgfältig abtropfen lassen. In einem Sieb beiseitestellen.

Für die Würzsauce Perilla-, Soja- oder Fischsauce, Ahornsirup und Essig in einer kleinen Schüssel verrühren und beiseitestellen.

Im Wok oder in einer Pfanne 2 EL Rapsöl erhitzen. Die Schalotten darin bei mittlerer Hitze unter Rühren braten, bis sie goldbraun sind. Die Nudeln zugeben und bis 40 zählen, dann mit einem Küchenspatel wenden und erneut bis 40 zählen. Mit Austern- oder Bohnensauce beträufeln und mit Pfeffer abschmecken. Bei schwacher Hitze unter Rühren 2–3 Minuten braten, dann in eine Schüssel geben oder auf einzelne Teller verteilen.

Das restliche Öl (1 EL) in derselben Pfanne erhitzen. Den Knoblauch darin bei starker Hitze braten, bis er goldbraun ist. Den lila Winterbrokkoli zugeben und unter Rühren 20 Sekunden anbraten. Mit 50 ml Wasser ablöschen, die angerührte Würzsauce unterrühren und weitere 2 Minuten dünsten. Bohnensprossen und nach Belieben Chili zugeben und noch 1 Minute garen, bis die Bohnensprossen leicht zusammengefallen sind. Vom Herd nehmen und über die Nudeln geben.

Das Gemüse mit Kochstäbchen unter die Nudeln mischen, mit *gim* und nach Belieben mit Chiliflocken bestreuen. Sofort servieren.

KNUSPERNUDELN MIT BUNTEM GEMÜSE

MÌ XÀO DÒN

Knusprige Nudeln werden mich immer an meinen verstorbenen Stiefvater, Chú Tùng, erinnern. Meine Mutter liebte ihn sehr. Jedes Wochenende stand er mit Stäbchen am Herd und frittierte die perfektesten Nudelnester, um uns allen eine Freude zu machen. Auf den knusprigen Nudelnestern liegt saftiges, buntes Pfannengemüse und die Sauce überzieht die Nudeln.

Für 2 Personen (wenn es mehr sein soll, immer nur in Portionen für 2 Personen kochen)

Vorbereitungszeit — 20 Minuten

Kochzeit — 15 Minuten

2 Bündel Knuspernudeln (à 80 g, s. S. 200)

Für die Würzsauce

1 TL fermentierter Tofu, zerdrückt, oder Miso
1½ EL vegane Fischsauce (s. S. 193)
1 EL vegetarische Austernsauce
1 EL Ahornsirup
½ EL Reisweinessig
1 TL Sesamöl
1 EL Speisestärke
50 ml Kokoswasser oder ungewürzte Gemüsebrühe

Für das Gemüse

1 EL Rapsöl
2 kleine runde Schalotten, in Streifen geschnitten
2 Knoblauchzehen, in Scheiben geschnitten
100 g Brokkolini oder lila Winterbrokkoli, schräg in mundgerechte Stücke geschnitten
50 g Babymais, längs halbiert
50 g Karotte, in Juliennestreifen geschnitten
150 g mittelfester Tofu, goldbraun gebraten, dann in dünne Streifen geschnitten (s. S. 61), vegane vietnamesische Wurst (s. S. 117) oder Pilze
150 ml Kokoswasser oder ungewürzte Gemüsebrühe
150 g chinesische Brokkoliblätter (*kai lan*) oder Blätter von Cima di Rapa (Stängelkohl), schräg in mundgerechte Stücke geschnitten
50 g Radicchio, längs in 1 cm große Stücke geschnitten
50 g Frühlingszwiebeln, längs in Streifen geschnitten
1 milde rote Chili, in Ringe geschnitten
frisch gemahlener schwarzer Pfeffer

Zum Servieren

Koriander, vietnamesischer Koriander oder Fischminze

Die Nudeln braten, wie auf S. 200 beschrieben, und auf einen großen Servierteller oder einzelne Teller geben. Beiseitestellen.

Für die Würzsauce Tofu, Fischsauce, Austernsauce, Ahornsirup, Essig und Sesamöl in einer kleinen Schüssel verrühren und beiseitestellen. Speisestärke und 50 ml Kokoswasser oder Gemüsebrühe in einer zweiten kleinen Schüssel verrühren, bis sich alle Klümpchen aufgelöst haben. Ebenfalls beiseitestellen.

Das Öl im Wok oder einer großen Pfanne erhitzen. Die Schalotten darin bei mittlerer bis starker Hitze Farbe annehmen lassen. Den Knoblauch zugeben und braten, bis er zu duften beginnt und goldbraun wird. Brokkolini, Mais, Karotte und Tofu zugeben. Unter Rühren 30 Sekunden braten. Die Hälfte des Kokoswassers (75 ml) oder der Brühe zugießen, dann die Blätter von Brokkoli oder Cima di Rapa zugeben. Unter Rühren dünsten, bis die Blätter um die Hälfte zusammengefallen sind.

Mit der Würzsauce und dem restlichen Kokoswasser (75 ml) übergießen, alles gut vermischen und noch 1 Minute unter regelmäßigem Rühren garen. Aus dem Gemüse sollte Saft austreten, und die Sauce sollte sprudelnd kochen. Radicchio, Frühlingszwiebeln und Chili untermischen. Ein Drittel der angerührten Speisestärke unter kreisförmigem Rühren zugießen und 1 Minute eindicken lassen. Ein weiteres Drittel zugießen und etwa 1 Minute rühren, bis die Sauce wiederum eingedickt ist. Das letzte Drittel zugießen und noch 1 Minute unter Rühren eindicken lassen.

Das gebratene Gemüse über die Knuspernudeln geben. Mit Pfeffer bestreuen und mit Kräutern nach Wahl garnieren.

HINWEIS

Sie können das Gemüse für dieses Gericht variieren, aber auf jeden Fall sollte es einen Kontrast zwischen weichen Blättern und knackigem Gemüse geben – denken Sie immer an Textur und Farbe. Sie können alle Arten von grünem Blattgemüse wie Beifußblätter, chinesische Veilchen, Pak Choi, Blattspinat und Senfblätter verwenden. Als knackiges Gemüse können Sie Kohlrabi, Daikon-Rettich, Lotuswurzel, grüne Bohnen, Stangenbohnen und Zuckerschoten wählen.

FÜNF SEHNSUCHT:

UND WIE MAN SIE STILLT

»Thèm muốn gì?« (Nach welchem Essen sehnst du dich?) Meine Mutter lächelt immer, wenn sie das sagt. Sie fängt die Wünsche auf, die wir ihr ins Netz werfen, und wie von Zauberhand entsteht ein Festmahl. Meine Mutter kocht mit viel Herzblut, denn wenn wir uns nach etwas sehnen, fühlt es sich für sie wie eine Notlage an, aus der sie uns befreien muss.

Jeden Tag sehne ich mich, *thèm*. Das Wetter, die Jahreszeiten, das Licht, die Stimmung ... alles macht mir Lust auf die wunderbare Zitronengras-Nudelsuppe meiner Großmutter (s. S. 148), Knusprige Gemüsecrêpes (s. S. 122), ein *bánh mì* mit Omelett (s. S. 127) oder Milchreis mit Lotus und lila Süßkartoffel (s. S. 171). Wir kommen aus einer so langen Geschichte des Hungers, historisch und persönlich, dass die Angst, nicht zu essen, tief in mir verwurzelt ist. Vielleicht füllt die Sehnsucht nach Essen die Leere aus.

Auch das Kochen selbst folgt einer Sehnsucht – die Trennung von meinen Großmüttern, Tanten und Onkeln, als wir Vietnam verließen, schmerzt immer noch. Deshalb habe ich zwölf Jahre lang die schönsten Dinner Clubs in meinem Haus organisiert. Ich habe versucht, den Verlust zu kompensieren. Schließlich sehnten sich meine Knochen nach Ruhe.

Ich reise so oft wie möglich nach Saigon, um mich mit meinen Cousins und Cousinen mütterlicherseits zu treffen. Sobald ich aus dem Flugzeug steige und die Hitze von Saigon spüre, wird mir eiskalter, frisch gepresster Zuckerrohrsaft mit einem Hauch von Kumquat angeboten. Meine Familie füttert mich mit den köstlichsten Speisen und Getränken, und ich spüre ihre Liebe und Zuneigung, die mich zärtlich umarmen. Wir fahren zu meiner liebsten Nudelsuppenverkäuferin an einer belebten Straßenkreuzung und warten geduldig lange zwei Minuten in der sengenden, schwülen Hitze, bis die Frau ihre hausgemachten Eiernudeln mit Wantans, Bohnensprossen und Schnittknoblauch blanchiert, die Schüssel mit Brühe füllt und mit gebratenem Knoblauch garniert. Ich tauche eine lange Teigstange (s. S. 32) in meine Schüssel, um die Brühe aufzusaugen, und esse mit Heißhunger. Ich bin angekommen, bin zu Hause.

Auf dem Weg zu den Märkten und Badeorten steigen wir aus dem Honda, um Gemüse-Curry-Pasteten, *bánh patê sô* (s. S. 28), *xôi gấc* (roten Klebreis mit Süßkürbis), Drachenfrüchte, Jackfrucht oder Rambutan zu kaufen. Überall, wo wir hinkommen, muss ich nur die Augen schließen und die Aromen schmecken, und ich bin wieder das fünfjährige Mädchen, das mit einem langen Dessertlöffel das Fruchtfleisch aus einer jungen Kokosnuss schabt. Alles, wonach ich mich gesehnt habe, ist da.

VEGANE VIETNAMESISCHE WURST

CHẢ LỤA CHAY

Vietnamesische Würste werden in Bananenblätter eingewickelt und dann gedämpft. Deren delikates Aroma wird von den Würsten aufgenommen und macht sie zu etwas ganz Besonderem. In Scheiben geschnitten, eignen sie sich hervorragend als Einlage in Nudelsuppen, Beilage zu Pfannengerichten oder Reis. Da sie bereits verpackt sind, kann man sie auch wunderbar verschenken. Es lohnt sich, die doppelte Menge herzustellen und einen Teil für den späteren Gebrauch einzufrieren, da ihre Zubereitung etwas Zeit in Anspruch nimmt. In Frühlingszwiebelöl frittiert, sind sie köstlich.

Ergibt 2 Stück (20 × 3 cm)
Einweichzeit — 1 Stunde
Vorbereitungszeit — 40–60 Minuten
Kochzeit — 2 Stunden

200 g getrocknete Sojaschnetzel, 1 Stunde in warmem Wasser eingeweicht
1 EL Meersalz
1 EL Pflanzenöl
55 g weiße Teile von Frühlingszwiebeln oder Lauch, in feine Scheiben geschnitten
2 EL vegane Fischsauce (s. S. 193) oder Sojasauce
1½ TL schwarze Pfefferkörner, zerstoßen
2 gehäufte TL Nährhefe
2 TL Zucker
6 Bananenblätter, in 30 cm große Quadrate geschnitten und gesäubert, oder Alufolie

Außerdem

Dampfgarer oder Dämpfeinsatz für den Kochtopf

Die eingeweichten Sojaschnetzel abgießen und alle harten Ränder abschneiden. Sorgfältig auswaschen und in 5 cm große Stücke schneiden, dann in einen Topf geben, mit dem Salz bestreuen und mit kochendem Wasser bedecken. Aufkochen lassen, die Hitze reduzieren und 10 Minuten köcheln lassen.

Das Öl in einer kleinen Pfanne erhitzen. Frühlingszwiebeln oder Lauch darin bei schwacher bis mittlerer Hitze braten, bis sie Farbe angenommen haben. Das Gemüse mit einem Schaumlöffel herausheben, überschüssiges Fett abtropfen lassen und beiseitestellen.

Ein Sieb mit einem Musselintuch auslegen und die fertig gekochten Sojaschnetzel abgießen. Sobald sie etwas abgekühlt sind, das Wasser auspressen und die Schnetzel in eine große Schüssel geben. Fischsauce, Pfeffer, Nährhefe, Zucker und Frühlingszwiebeln zugeben und alles sorgfältig vermengen.

Die Hälfte der Mischung in einen Plastikbeutel geben und die Luft kräftig auspressen. Dabei die Masse fest nach unten drücken und immer wieder über die Arbeitsfläche rollen, sodass sie zu einer etwa 6–8 cm dicken Wurst wird. Mit der anderen Hälfte ebenso verfahren. Die Würste 1 Stunde im Gefrierschrank ruhen lassen.

Ein Bananenblattstück mit der glänzenden Seite nach unten auf die Arbeitsfläche legen. Ein weiteres Stück so auflegen (glänzende Seite nach unten), dass die Maserung gegenüber dem ersten Blatt um 90° gedreht ist, und beide mit einem dritten Blattstück (glänzende Seite nach unten) bedecken. Mit den anderen drei Blattstücken ebenso verfahren.

Die Würste aus dem Gefrierschrank und aus dem Beutel nehmen. Je eine Wurst auf das untere Ende eines Bananenblattstapels legen und so fest wie möglich einrollen. Mit Gummibändern fixieren.

Die Würste 1 Stunde dämpfen, dabei sicherstellen, dass immer genug Wasser vorhanden ist (gegebenenfalls nachgießen). Einen elektrischen Dampfgarer auf 40 Minuten einstellen und mit 400 ml Wasser füllen.

Die Wurstpakete vor dem Öffnen bei Zimmertemperatur abkühlen lassen. Die Würste in 0,5–1 cm dicke Scheiben schneiden.

VEGETARISCHE FRÜHLINGSROLLEN

CHẢ GIÒ CHAY

Wenn Sie viele Gästen haben und ihnen eine Freude machen möchten, sind diese Frühlingsrollen genau das Richtige. Ich wähle mehrere Gemüsesorten, um die perfekte Kombination aus Knackigkeit und Saftigkeit zu erzielen. Am liebsten nehme ich Teig für chinesische Frühlingsrollen: Er lässt sich auch im gefrorenen Zustand wunderbar verarbeiten und frittieren. Ebenso können Sie aber typisch vietnamesisches Reispapier nehmen.

Ergibt 30–50 Stück
Vorbereitungszeit — 1–1½ Stunden
Kochzeit — 1–1½ Stunden

Für die Füllung

30 g gespaltene Mungobohnen
30 g gespaltene rote Linsen
50 g Glasnudeln
110 g Spargel, längs geviertelt und in 5 cm lange Streifen geschnitten
140 g Topinambur, geschält und in Juliennestreifen geschnitten, oder Wasserkastanien aus der Dose
100 g Lauch, in 5 mm breite Ringe geschnitten
120 g Weißkohl, in feine Streifen geschnitten
150 g Pastinaken, geschält und in Juliennestreifen geschnitten
150 g Karotten, geschält und in Juliennestreifen geschnitten
70 g Bohnensprossen
1 EL Ahornsirup
1 EL Pilzgewürz
1 Prise grob gemahlener schwarzer Pfeffer
2 Prisen Meersalz
2 Frühlingszwiebeln, in dünne Ringe geschnitten
2 Knoblauchzehen, fein gehackt

Für die Rollen

2 EL Rapsöl
50 Frühlingsrollenblätter, 10–12 cm groß
Sonnenblumen- oder Pflanzenöl zum Frittieren

Zum Servieren

1 Salatkopf, Blätter einzeln abgetrennt
Kräuter nach Wahl: Koriander, vietnamesischer Koriander, Minze, Perilla
Dips nach Wahl (s. S. 212); ich empfehle die traditionelle *nước chấm* (vietnam. Würzsauce)

Mungobohnen, Linsen und Nudeln 20 Minuten in kaltem Wasser einweichen, dann gut abgießen. Die Nudeln mit der Schere in 3 cm lange Stücke schneiden.

Alle Zutaten für die Füllung in eine Schüssel geben. Mit den Händen gründlich durchmengen, damit alle Gewürze gut verteilt sind.

Das Öl in eine kleine Schüssel geben.

Ein Frühlingsrollenblatt so auf die Arbeitsfläche legen, dass eine Ecke zu Ihnen zeigt. Etwa 1 EL der Füllung zu einer Wurst formen und auf die untere Hälfte der Raute legen.

Nun die beiden Seiten über die »Wurst« legen, dann das untere Ende hochklappen. Mit den Fingern die Rolle von unten sichern, nach vorne ziehen und zum oberen Teil des Blatts rollen – so fest wie möglich, damit beim Braten nichts auseinanderfällt. Die obere Kante mit einem Spritzer Öl versiegeln. Die Rolle dann mit der Nahtkante nach unten auf ein trockenes Backblech oder einen Teller legen. Diesen Vorgang wiederholen, bis alle Zutaten aufgebraucht sind. Die Rollen nebeneinanderlegen und nicht stapeln. Nun können die Rollen eingefroren oder direkt gebraten werden.

In eine Pfanne oder einen Wok 5 cm hoch Öl geben und dieses auf 140 °C erhitzen. Das Öl ist heiß genug, wenn es zischt und blubbert, sobald ein Stäbchen hineingehalten wird. 4–5 Rollen (nicht zu viele, damit sie nicht aneinanderhaften) in das heiße Öl geben und 4–5 Minuten frittieren, bis sie goldbraun sind. Gefrorene Rollen brauchen 3–4 Minuten länger.

Sofort auf einem Bett aus Salat und Kräutern mit verschiedenen Dips servieren. Alternativ die Rollen schräg in 3 Stücke schneiden und auf einem Vermicelli-Nudelsalat (s. S. 137) anrichten.

HINWEIS

Sie können jedes beliebige Gemüse verwenden. Vermeiden Sie jedoch Gemüse mit einem hohen Wassergehalt wie Pilze, chinesischen Weißkohl oder Zucchini, ohne sie vorher zu kochen und das Wasser auszudrücken, da die Frühlingsrollen sonst durchweichen. Statt sie im Wok zu frittieren, können Sie die Röllchen auch mit Öl bepinseln und 10 Minuten im auf 200 °C (Umluft) vorgeheizten Ofen braten, dabei nach 5 Minuten wenden. Wenn Sie Reispapierblätter verwenden, sollten Sie sie nicht zu lang liegen lassen: Frittieren Sie sie, sobald Sie etwa 12 Rollen geformt haben.

WÜRZIGE PFANNKUCHENHAPPEN

BÁNH KHỌT CHAY

Die köstlichen Häppchen eignen sich hervorragend als Vorspeise oder als Teil eines Festmahls. Jedes ist ein Vorgeschmack auf all das gute Gemüse. Meine Kombination hier spielt mit Knackigkeit und Zartheit.

Für 4 Personen
Einweichzeit — 1 Stunde
Vorbereitungszeit — 20 Minuten
Kochzeit — ½–1 Stunde

Für den Teig

135 g Reismehl
40 g Speisestärke
½ TL gemahlene Kurkuma
¾ TL Knoblauchpulver
1 großzügige Prise Meersalz
260 ml Kokosmilch
260 ml Mineralwasser mit Kohlensäure
3 Frühlingszwiebeln, fein gehackt
7 EL Rapsöl

Für die Füllung

1 EL Rapsöl
3 Knoblauchzehen, in Scheiben geschnitten
60 g gespaltene Mungobohnen, ½–1 Stunde eingeweicht, abgegossen und abgetropft
100 g grüne Bohnen, in 5 mm dünne Stücke geschnitten
80 g Austernpilze, in 5 mm kleine Stücke geschnitten
3 Maronenpilze, in 5 mm kleine Stücke geschnitten
1 EL Sojasauce
1 EL Ponzu (Sauce auf Zitrusbasis) oder Reisessig
1 EL Ahornsirup
6 Okra, in 5 mm dünne Ringe geschnitten

Für das Tahin-Soja-Dressing

4 EL Sojasauce
1 EL Tahin
Saft von ¼ Limette oder ¼ Zitrone
1 TL Ahornsirup

Für die Garnierung (nach Belieben)

Nüsse, Samen und Würzsaucen aus dem Vorratsschrank, z. B. Mandelblättchen oder *gim* (koreanischer getrockneter Seetang), klein geschnitten

Zum Servieren

Romanasalat und/oder Chicorée
Koriander, Minze, Thaibasilikum oder andere vietnamesische Kräuter (wenigstens eine Sorte)

Reismehl, Speisestärke, Kurkuma, Knoblauchpulver, Salz und Kokosmilch in einer Schüssel zu einem glatten Teig verrühren. 1 Stunde ruhen lassen.

Für die Füllung das Öl im Wok oder einer Pfanne erhitzen. Den Knoblauch darin bei mittlerer Hitze Farbe annehmen lassen. Mungobohnen und grüne Bohnen zugeben und 3 Minuten unter Rühren rösten. Pilze, Sojasauce, Ponzu oder Reisessig und Ahornsirup zugeben und unter Rühren weitere 3 Minuten braten, bis die Pilze weich sind. Beiseitestellen.

Alle Zutaten für das Dressing verrühren und auf einzelne Dipschalen verteilen.

Den Teig nach 1 Stunde mit Mineralwasser und Frühlingszwiebeln verrühren und in einen Messbecher umfüllen.

Eine Takoyaki-Pfanne erhitzen. Nach einigen Minuten eine Hand etwa 10 cm über die Pfanne halten. Wenn es sich zu heiß anfühlt, um die Hand dort zu halten, ist die Pfanne bereit. In jede Mulde ¼ TL Rapsöl geben. Den Teig noch einmal durchrühren und in die Mulden gießen, jeweils bis 5 mm unter den Rand. Auf jedes *bánh khọt* 1 TL der Füllung geben und mit 1–2 Okraringen garnieren.

Einen Deckel oder ein Stück Alufolie auflegen und die *bánh khọt* 6–9 Minuten braten. Die Zeit hängt von der Temperatur des Herds ab. Die *bánh khọt* sollten unten braun und knusprig sein. Dann die *bánh khọt* mit einem Löffel aus der Pfanne heben und auf einem Servierteller anrichten.

Diesen Vorgang wiederholen, bis Teig und Füllung aufgebraucht sind.

Nach Belieben garnieren. Zum Essen ein Salatblatt in die Handfläche legen, viele Kräuter darauf verteilen und ein *bánh khọt* auflegen. Etwas Dressing darübergeben und genießen.

HINWEIS

Wenn Sie keine Takoyaki-Pfanne haben, heizen Sie den Ofen auf 220 °C vor. Gießen Sie jeweils 2 mm Rapsöl in die Mulden einer Muffinform und heizen Sie sie 15 Minuten lang auf. Füllen Sie dann 2 cm Teig in die Vertiefungen, ehe Sie die Füllung hineingeben. Etwa 20 Minuten backen.

KNUSPRIGE GEMÜSECRÊPES

BÁNH XÈO CHAY

Diese wunderbaren Crêpes werden normalerweise abends »zum Spaß« genossen. Ich habe ihnen eine grüne Note gegeben, indem ich zusätzlich Spinat für den Teig verwendet und die Crêpes mit knackigem grünem Gemüse gefüllt habe. Sie brauchen für dieses Rezept eine gute antihaftbeschichtete Pfanne mit Deckel.

Für 4–5 Personen (12 Crêpes)
Vorbereitungszeit — 30 Minuten
Kochzeit — 1 Stunde

Für den Salat

Salatblätter
Auswahl an vietnamesischen Kräutern (s. S. 14)

Für den Dip

2½ EL Orangenmarmelade
3 TL scharfer Senf
2½ EL Sojasauce
Saft von ¾ Limette (etwa 2 EL)
2 Vogelaugenchilis, in Ringe geschnitten

Für den Teig

150 g TK-Blattspinat, 1 Stunde aufgetaut
200 g Reismehl
400 ml Kokosmilch
200 ml kaltes Mineralwasser mit Kohlensäure
1 Frühlingszwiebel, in dünne Ringe geschnitten
2 EL Nährhefe
½ TL Meersalz oder Pilzgewürz

Für die Füllung

150 ml Rapsöl
3 kleine runde Schalotten, in Streifen geschnitten
1 Zucchini, in Juliennestreifen geschnitten
100 g Grünkohl, Strunk entfernt, Blätter in dünne Streifen geschnitten
100 g Bohnensprossen
50 g Schnittknoblauch, in 4 cm lange Streifen geschnitten
2 EL Kapern
100 g Kimchi, fein gehackt (nach Belieben)

Salat und Kräuter waschen, trocken tupfen und beiseitestellen. Alle Zutaten für den Dip verrühren und auf einzelne Schälchen verteilen.

Für den Teig den Spinat mit 200 ml Wasser in einen Mixer geben und zu einer glatten Masse pürieren. Mehl, Kokosmilch, Mineralwasser, Frühlingszwiebel, Nährhefe und Salz in einer Schüssel verrühren. Die Spinatmischung zugeben und alles zu einem glatten Teig mit der Konsistenz von Sahne mixen.

Alle für die Füllung vorbereiteten Zutaten neben den Herd stellen. 1 EL Öl in einer Pfanne erhitzen. Ein paar Schalottenstreifen darin bei mittlerer bis starker Hitze goldbraun braten.

Den Teig noch einmal durchrühren und eine dünne Schicht in die Pfanne gießen. Die Pfanne schwenken, bis der Teig gleichmäßig verteilt ist. Eine Handvoll Zucchini, Grünkohl, Bohnensprossen und Schnittknoblauch zugeben. Den Deckel auflegen, damit der Dampf nicht entweichen kann, und 2 Minuten garen.

Den Deckel abnehmen und den Crêpe mit Kapern und nach Belieben Kimchi bestreuen. Weitere 1–2 Minuten braten, bis der Crêpe goldbraun und knusprig ist. Zur Hälfte falten und servieren oder beiseitestellen. Die weiteren Crêpes ebenso braten, bis alle Zutaten aufgebraucht sind.

Zum Essen ein Salatblatt in die Handfläche legen und mit reichlich Kräutern bestreuen. Ein Stück von einem Crêpe abbrechen und obenauf legen. Das ganze Paket zu einer Zigarre rollen, in den Dip tunken und genießen.

HINWEISE

Wenn Sie die *bánh xèo* im Voraus zubereiten möchten, legen Sie sie nebeneinander auf ein Backblech. Kurz vor dem Servieren heizen Sie den Ofen auf 230 °C (Umluft) vor und erwärmen Sie die *bánh xèo* 5 Minuten.

Sie können jedes Gemüse verwenden, das Sie zur Hand haben, aber schneiden Sie es in dünne Scheiben. Es sollte knackig sein, aber nicht hart.

SPARGEL-REISNUDEL-ROLLEN MIT PILZEN UND KÜRBIS

BÁNH CUỐN NHÂN NẤM MĂNG TÂY VÀ BÍ ĐỎ

Meine Tante dì Út lebt immer noch in dem alten Haus am Meer, in dem mein verstorbener Großvater Fischsaucen hergestellt hat. Sie sitzt gern zwischen den riesigen verlassenen Tongefäßen, um in einem dampfenden Kessel die köstlichsten gedämpften Reisnudelröllchen zuzubereiten. Sie hat sie immer mit herrlich süß-saurer Fischsauce serviert.

Für 4–6 Personen (ergibt etwa 24 Stück)
Vorbereitungszeit — 40 Minuten
Kochzeit — 1–1½ Stunden

Für den Teig

100 g Tapioka
1 TL Speisestärke
300 g Reismehl
1 Prise Meersalz
1 TL Pilzgewürz oder Nährhefe
1 TL Pflanzenöl
2 Frühlingszwiebeln, in dünne Ringe geschnitten
80 g Spargel, in 3 mm dünne Scheiben geschnitten
2 EL Rapsöl

Für die Füllung

300 g Kürbis (Delica oder Kabocha, alternativ Butternut), ungeschält in Spalten geschnitten
1 EL Rapsöl
2 kleine runde Schalotten, fein gehackt
70 g Lauch, in dünne Ringe geschnitten
200 g Pilze, in feine Streifen geschnitten
150 g Topinambur, in Juliennestreifen geschnitten
1 EL vegetarische Austernsauce
frisch gemahlener schwarzer Pfeffer
1½ EL Kokoswasser oder Aloe-Vera-Saft
2 EL Gemüse- oder Avocadoöl

Zum Servieren

Knusperschalotten (s. S. 208)
Thaibasilikum, fein gehackt
Korianderblätter, grob gehackt
Soja-Tahin-Crispy Chiliöl (s. S. 213)
Fischsauce (nach Belieben)

Den Backofen auf 190 °C (Umluft) vorheizen.

Tapioka und Speisestärke, Mehl, Salz, Pilzgewürz und Pflanzenöl in einer großen Schüssel mit 1 l Wasser verrühren.

Zum Servieren das Soja-Tahin-Crispy Chiliöl (s. S. 213) zubereiten.

Für die Füllung die Kürbisspalten im Ofen 25–30 Minuten rösten. Beiseitestellen und abkühlen lassen. Die Schale abschneiden und das Fruchtfleisch in 1 cm große Würfel schneiden.

Das Öl in einer Pfanne erhitzen. Schalotten und Lauch darin bei schwacher bis mittlerer Hitze glasig andünsten. Die Temperatur erhöhen und Pilze sowie Topinambur zugeben. Mit Austernsauce und Pfeffer abschmecken und 3 Minuten rösten, dann Kokoswasser oder Aloe-Vera-Saft zugießen. Weitere 3 Minuten braten und in einer Schüssel beiseitestellen.

Frühlingszwiebeln und Spargel unter den Teig rühren. Die Pfanne erneut erhitzen und mit etwas Öl einpinseln. Den Teig noch einmal kräftig durchrühren, da das Mehl sich absetzt. Dann 40 ml Teig (Messlöffel verwenden) in die Pfanne geben und diese rasch schwenken, damit der Teig die ganze Fläche dünn bedeckt (evtl. noch etwas Teig zugeben). Den Deckel auflegen und 1–2 Minuten braten. Der Teig sollte hell und nicht knusprig sein. Die Pfanne auf ein leicht geöltes Plastikbrett stürzen, um das Teigblatt aus der Pfanne zu lösen.

Nun 1 EL der Füllung auf dem unteren Teil des Teigblatts verteilen und mit Kürbiswürfeln bestreuen. Den unteren Teil mit einem Spatel nach oben klappen, das Teigblatt zu einer Wurst einrollen und auf einen Teller legen. Mit etwas Gemüse- oder Avaocadoöl einpinseln. Die übrigen Teigblätter ebenso braten und füllen, bis alle Zutaten aufgebraucht sind.

Mit Knusperschalotten, Thaibasilikum und Koriander garnieren und mit etwas Soja-Tahin-Chiliöl beträufeln. Fischsauce nach Belieben separat dazu servieren.

Sofort oder lauwarm innerhalb der nächsten Stunden servieren. Alternativ im Dämpfer oder in der Mikrowelle 1 Minute wieder aufwärmen.

BÁNH MÌ MIT OMELETT

BÁNH MÌ TRỨNG

Eines der kultigsten vietnamesischen Gerichte ist das französisch inspirierte *bánh mì:* ein frisches, knuspriges und dennoch lockeres Baguette, gefüllt mit spannenden Aromen und Texturen.

Für 4 Personen
Vorbereitungszeit — 15 Minuten
Kochzeit — 5 Minuten

2 französische oder 4 fußlange vietnamesische Baguettes

Für das Frühlingszwiebelomelett

4 Eier, verquirlt
2 Frühlingszwiebeln, in dünne Ringe geschnitten
1 Prise frisch gemahlener schwarzer Pfeffer
1 TL Zucker (nach Belieben)
1 EL Sojasauce
1 EL Pflanzenöl
2 runde Schalotten, fein gehackt

Notwendige Zutaten

Butter, zum Bestreichen
Korianderpesto (s. S. 208)
Koriander
Minzeblätter
Gurke, längs in dünne Stifte geschnitten
schnelle Karotten-Daikon-Pickles (s. S. 204)
Vogelaugenchilis, schräg in dünne Ringe geschnitten

Weitere Ztuaten nach Belieben

vegane vietnamesische Wurst (s. S. 117)
Tofu mit Salz und Pfeffer (s. S. 62)

Zum Servieren nach Belieben

helle chinesische Sojasauce
Mayonnaise
Chilisauce

Die Eier mit Frühlingszwiebeln, Pfeffer, Zucker nach Belieben und Sojasauce verrühren. Das Öl in einer Pfanne erhitzen. Die Schalotten darin bei mittlerer Hitze braten, bis sie Farbe angenommen haben. Die Eimasse in die Pfanne gießen und das Omelett braten. Sobald die Unterseite gebräunt ist, einmal wenden. Dies sollte nicht länger als wenige Minuten dauern. Vom Herd nehmen und in lange Streifen schneiden.

Das Baguette der Länge nach weit aufschneiden, bis es sich wie ein Buch öffnen lässt. Den weichen Teig herausnehmen, sodass viel Platz für die Füllung entsteht. (Die Krume kann man mit Butter als Gaumenschmaus genießen oder für den Bananenbrot-Schichtkuchen, s. S. 180, aufheben.)

Das Baguette mit Butter und/oder Korianderpesto bestreichen. Schichtweise mit allen anderen notwendigen Zutaten füllen, nach Belieben weitere Zutaten hinzugeben, dann mit den Omelettstreifen belegen. Sofort servieren, damit das Brot nicht warm und matschig wird. Alternativ die Omelettstreifen erst zugeben, wenn sie abgekühlt sind.

Das *bánh mì* nach Belieben mit chinesischer Sojasauce, Mayonnaise oder Chilisauce beträufeln und genießen.

KURKUMA-DILL-TOFU

CHẢ CÁ LÃ VỌNG CHAY

Dieses Gericht imitiert den Geschmack von vietnamesischen Dill-Fisch-Frikadellen und passt gut zu lockerem, gedämpftem Jasminreis oder einem Vermicelli-Nudelsalat (s. S. 137).

Für 2 Personen oder für 4 Personen als Beilage
Vorbereitungszeit — 5 Minuten
Kochzeit — 30 Minuten

200 g Bananenschalotten, in Drittel geschnitten
4 EL Rapsöl
400 g mittelfester Tofu, trocken getupft und in 1 cm dicke Rechtecke geschnitten
1 kleine runde Schalotte, in Streifen geschnitten
2 Knoblauchzehen, in Scheiben geschnitten
1 EL vegetarische Austernsauce
1 EL Sojasauce
½ TL Pilzgewürz oder 2 EL Nährhefe
1 TL gemahlene Kurkuma
1 TL Agavendicksaft oder Ahornsirup
6 Vogelaugen- oder andere Chilis, ganz
2 TL fermentierter Tofu, zerdrückt, oder 4 EL Worcestersauce
100 ml Kokoswasser
30 g Dill, grob gehackt

Zum Servieren

schwarze oder rosa Pfefferkörner, zerstoßen
Saft von ¼ Limette

Eine Pfanne erhitzen. Die Bananenschalotten mit der Schnittseite nach unten ohne Zugabe von Fett bei mittlerer Hitze etwa 3–5 Minuten rösten, bis die Schalotten an den Rändern geschwärzt sind. Vom Herd nehmen und die Pfanne mit Küchenpapier auswischen.

In derselben Pfanne 2 EL Öl erhitzen. Den Tofu darin bei mittlerer Hitze etwa 8 Minuten von beiden Seiten braten, bis er goldbraun ist. Auf Küchenpapier abtropfen lassen.

Das restliche Öl (2 EL) erhitzen. Schalotte und Knoblauch darin bei mittlerer Hitze goldbraun braten. Den gebratenen Tofu zugeben. Austernsauce, Sojasauce, Pilzgewürz oder Nährhefe, Kurkuma und Agavendicksaft oder Ahornsirup vorsichtig unterrühren. Alles gut vermengen, dann Schalotten und ganze Chilis zugeben. Die Chilis nur aufschneiden, wenn es superscharf werden soll. Alles 2 Minuten braten.

In der Zwischenzeit den fermentierten Tofu mit dem Kokoswasser verrühren und die Mischung in die Pfanne geben. Unter Rühren 3–5 Minuten erhitzen. Den größten Teil des Dills zugeben und unter Rühren noch 1 Minute braten, dann vom Herd nehmen.

Den Tofu auf Reis oder Vermicelli-Nudelsalat anrichten. Mit dem restlichen Dill bestreuen, mit Pfeffer und Limettensaft abschmecken und sofort servieren.

KRÄUTERSEITLINGE AUF KURKUMAREIS

CƠM GÀ HỘI AN CHAY

Dieses Rezept stammt von meiner Mutter, die immer versucht, auf Fleisch zu verzichten und sich von Pflanzen zu ernähren. Es ist so köstlich, wie eine Variation des hainanesischen Reises mit Huhn. Kräuterseitlinge werden auf Vietnamesisch »Hühnerschenkelpilze« genannt und ersetzen Hühnerfleisch ziemlich gut. Jede Zutat unterstützt die Ausgewogenheit dieses Gerichts.

Für 4 Personen
Vorbereitungszeit — 30 Minuten
Kochzeit — 35 Minuten

Für den Kurkumareis

1 EL Pflanzenöl
1 kleine Schalotte, in feine Streifen geschnitten
1 Knoblauchzehe, fein gehackt
300 g Jasminreis, dreimal gewaschen und abgegossen
1 EL Nährhefe
¼ TL Meersalz
¼ TL gemahlene Kurkuma
500 ml hausgemachte Gemüsebrühe (s. S. 196) oder Wasser

Für die marinierte Zwiebel

1 rote Zwiebel, in dünne Ringe geschnitten
1 EL Zucker
¼ TL frisch gemahlener schwarzer Pfeffer
1½ EL Apfelessig

Für den Ingwerdip

40 g frischer Ingwer, fein gehackt
1 Knoblauchzehe, fein gehackt
½ rote Chili, fein gehackt
2 EL Sojasauce oder vegane Fischsauce (s. S. 193)

Für die Pilze

1 EL Pflanzenöl
2 kleine Schalotten, in dünne Streifen geschnitten
1 Knoblauchzehe, fein gehackt
470 g Kräuterseitlinge, in 5 cm lange Stücke geschnitten
1 TL Meersalz
½ TL frisch gemahlener schwarzer Pfeffer
½ TL Sesamöl
1 EL vegetarische Austernsauce

Zum Servieren

30 g vietnamesische Korianderblätter oder Korianderstängel
1 Stück Gurke (10 cm), schräg in dünne Scheiben geschnitten (nach Belieben)
1 Tomate, in dünne Scheiben geschnitten (nach Belieben)

Für den Kurkumareis das Öl in einem Topf erhitzen. Schalotte und Knoblauch darin bei mittlerer Hitze 4 Minuten braten, bis sie goldbraun sind. Den Reis zugeben und alles gut vermischen. Mit Nährhefe, Salz und Kurkuma bestreuen. Sorgfältig durchmischen und die Gemüsebrühe oder Wasser zugießen. Aufkochen lassen und 2 Minuten bei schwacher bis mittlerer Hitze kochen, bis der Reis die Brühe aufgenommen hat. Dann die Temperatur auf ein Minimum reduzieren, den Deckel auflegen und den Reis 15–18 Minuten dämpfen. Den Herd ausschalten und den Reis weitere 5–10 Minuten abgedeckt ziehen lassen. Dann einmal mit einem Holzlöffel auflockern und den Deckel wieder auflegen.

Die rote Zwiebel in einer Schüssel mit Zucker, Pfeffer und Essig verrühren und beiseitestellen.

Alle Zutaten für den Ingwerdip im Mörser zerstoßen oder im Mixer pürieren. Auf einzelne Dipschalen verteilen.

Für die Pilze das Öl in einer großen Pfanne erhitzen. Die Schalotten darin bei mittlerer bis starker Hitze goldbraun braten, dann den Knoblauch zugeben und ebenfalls braten, bis er sein Aroma entfaltet. Die Pilze untermischen und mit Salz, Pfeffer und Sesamöl verrühren. Nun 2 EL Wasser und die Austernsauce zugeben und die Pilze weitere 5 Minuten unter Rühren garen.

Zum Servieren den Reis mit den Pilzen daneben oder darauf auf Tellern anrichten, mit Koriander und marinierter Zwiebel bestreuen. Nach Belieben mit Gurke und Tomate garnieren. Den Ingwerdip getrennt dazu reichen.

CURRY MIT KÜRBIS UND KICHERERBSEN

BÍ NẤU CÀ RI

Scharfe Gerichte wie Currys stehen in Vietnam überall auf der Frühstückskarte, denn Gewürze wecken die Sinne. Traditionell wird dazu frisches, knuspriges Baguette gereicht, um die Sauce aufzutunken. Dieses Gericht eignet sich aber auch hervorragend als Hauptgericht mit gedämpftem Jasminreis. Seien Sie vorsichtig mit den Kürbisstücken, da sie leicht zerfallen, wenn sie zu lange gekocht werden.

Für 4 Personen
Vorbereitungszeit — 20 Minuten
Kochzeit — 40 Minuten

1½ EL Rapsöl
2 kleine runde Schalotten, in Streifen geschnitten
60 g Zitronengras, fein gehackt
1 Stück frischer Ingwer (18 cm), fein gehackt
2 Knoblauchzehen, grob gehackt
400 g Kürbis (Delica oder Kabocha), geschält und in 2,5 cm große Würfel geschnitten
150 g neue Kartoffeln, in mundgerechte Stücke geschnitten
1 gehäufter EL vietnamesisches Currypulver oder mildes Currypulver
1 Dose Kichererbsen (à 400 g), gewaschen und abgetropft
1 Dose Bambussprossen (à 225 g, nach Belieben)
400 ml Kokosmilch
5 g Palmzucker, grob gehackt
1 TL Pilzgewürz oder 2 TL gekörnte Brühe
4 Limettenblätter (nach Belieben)
1 EL vegetarische Umamisauce, vegane Fischsauce (s. S. 193) oder Sojasauce
frisch gemahlener schwarzer Pfeffer
70 g Zuckerschoten
30 g Korianderblätter, grob gehackt
abgeriebene Schale und Saft von 1 Bio-Limette

Zum Garnieren

2 Frühlingszwiebeln, in dünne Ringe geschnitten
20 g Thaibasilikum (nach Belieben)
1 rote Chili, in Ringe geschnitten (nach Belieben)

Zum Servieren

frisches, knuspriges Baguette oder gedämpfter Jasminreis

Das Öl in einem großen Topf erhitzen. Die Schalotten darin bei mittlerer Hitze etwa 5 Minuten braten, bis sie goldbraun sind. Zitronengras, Ingwer und Knoblauch zugeben und ebenfalls etwa 5 Minuten bräunen. Kürbis und Kartoffeln zugeben.

Alles mit Currypulver bestreuen und sorgfältig vermengen. Kichererbsen und nach Belieben Bambussprossen zugeben. Die Kokosmilch zugießen. Palmzucker, Pilzgewürz oder Brühe und nach Belieben Limettenblätter unterrühren. Bei schwacher Hitze aufkochen, den Deckel auflegen und 25 Minuten unter gelegentlichem Rühren köcheln lassen.

Mit Umami-, Fisch- oder Sojasauce und einer großzügigen Prise Pfeffer würzen und die Zuckerschoten unterrühren. Weitere 5 Minuten köcheln lassen.

Kurz vor dem Servieren Koriander und Limettenschale unterrühren. Mit Frühlingszwiebeln und nach Belieben Thaibasilikum und Chili garnieren und mit Limettensaft beträufeln.

Mit gedämpftem Reis oder noch besser mit einem frischen Baguette und Butter servieren.

HINWEIS

Wenn Sie keinen Delica oder Kabocha bekommen können, können Sie auch Butternutkürbis oder jede andere Kürbissorte verwenden. Zusätzlich oder alternativ zu den Gemüsesorten in der Zutatenliste können Sie Zucchiniwürfel, Blumenkohlröschen, klein geschnittene grüne Bohnen, Auberginen, Spargel oder Brokkolini hinzufügen.

ZITRONENGRAS-GEMÜSE-STEW MIT NUDELN

BÒ KHO CHAY

Ein wärmendes Gericht für die Seele, das uns an kälteren Tagen und Abenden sofort Energie gibt. Es erinnert an den berühmten vietnamesischen Rindfleischeintopf *bò kho*. Sie können sowohl Winter- als auch Sommergemüse verwenden, und die Reste eignen sich hervorragend für das Frühstück am nächsten Tag.

Für 4 Personen
Vorbereitungszeit — 20 Minuten
Kochzeit — 30 Minuten

1 EL Ghee
2 Knoblauchzehen, fein gehackt
60 g Zitronengras, fein gehackt
½ TL gemahlene Kurkuma
1 TL gemahlener Kreuzkümmel
1 TL gemahlener Koriander
2 Stangen Staudensellerie, in 2 cm große Würfel geschnitten
110 g Karotte, in 1 cm große Würfel geschnitten
50 g Topinambur, in 1 cm große Würfel geschnitten
100 g neue Kartoffeln, halbiert
280 g Tomaten, geviertelt
400 ml Kokoswasser
3 Sternanis
2 EL vegetarische Austernsauce
2 EL Sojasauce oder vegane Fischsauce (s. S. 193)
100 g Makkaroni oder Mini-Muschelnudeln
100 g Weißkohl, in 1 cm breite Streifen geschnitten
300 g Seidentofu
100 g Erbsen (frisch oder TK)

Zum Garnieren

4 Zweige Thaibasilikum
1 Limette, geviertelt
1 TL Chiliflocken oder frische Chilis, fein gehackt (nach Belieben)

Zum Servieren

gedämpfter Jasminreis oder breite Reisnudeln, alternativ Baguette mit Butter

HINWEIS

Wenn Ihre Pasta durstig ist, fügen Sie mehr Kokoswasser hinzu und würzen Sie entsprechend.

Das Ghee im Wok oder einer Pfanne bei mittlerer Hitze zerlassen. Knoblauch und Zitronengras zugeben und einige Minuten braten, bis sie ihr wunderbares Aroma entfalten. Kurkuma, Kreuzkümmel und Koriander unterrühren und noch 1 Minute braten. Sellerie, Karotten, Topinambur, Kartoffeln und Tomaten zugeben und unter Rühren anrösten, bis das Gemüse rundum mit den Gewürzen überzogen ist. Das Kokoswasser zugießen und bei schwacher Hitze zum Köcheln bringen. Sternanis, Austern- und Soja- oder Fischsauce unterrühren. Den Deckel auflegen und unter gelegentlichem Rühren 10 Minuten köcheln.

Nudeln und Weißkohl unterheben. Sobald der Kohl zusammengefallen ist, Tofu und Erbsen unterrühren. Den Deckel wieder auflegen und bei schwacher bis mittlerer Hitze unter gelegentlichem Rühren weitere 10 Minuten köcheln. Vom Herd nehmen, wenn das Gemüse noch Biss haben soll, andernfalls weitere 5 Minuten köcheln.

In Portionsschalen füllen und mit Thaibasilikum, Limettenspalten und nach Belieben Chiliflocken garnieren.

Dazu gibt es gedämpften Jasminreis oder breite Reisnudeln. Ich esse auch gern geröstetes französisches oder vietnamesisches Baguette bzw. Toast mit Butter dazu.

VERMICELLI-NUDELSALATE

Für wunderbar sommerliche, unvergessliche Mahlzeiten können Sie mit den vielen Toppings, die in diesem Buch zu finden sind, wunderbare Nudelsalate kreieren. Machen Sie mit den folgenden Must-haves jede Schale bunt und lebendig. Je mehr duftende Kräuter, desto besser.

Für 2 Personen

Für den Salat

2 Nester aus Reis-Vermicelli (à etwa 80 g)
2 große Handvoll Grünzeug wie Feldsalat, Brunnenkresse, Rucola und viele vietnamesische Kräuter, gewaschen und trocken getupft
2 EL Pflanzenöl
2 Frühlingszwiebeln, in dünne Ringe geschnitten
1 gehäufter EL Erdnüsse, Pistazien oder Cashewkerne, fein gehackt
eingelegtes Gemüse (s. S. 204)

Für das Dressing

½ Vogelaugenchili, fein gehackt
1 EL Honig
1 EL Perillasauce, vegetarische Umamisauce, Sojasauce oder vegane Fischsauce (s. S. 193)
abgeriebene Schale und Saft von ½ Bio-Limette oder ¼ Bio-Zitrone
1 Zweig Minze, entstielt und Blätter fein gehackt

Für die Toppings

Zitronengras-Tofu (s. S. 65)
Tofu mit Salz und Pfeffer (s. S. 62)
Kurkuma-Dill-Tofu (s. S. 128)
Süß-saure Gemüsepfanne (s. S. 58)
Auberginen in schwarzer Bohnensauce (s. S. 50)
Vegane vietnamesische Wurst (s. S. 117)
Vegetarische Frühlingsrollen (s. S. 118)
Gegrillte Auberginen mit Frühlingszwiebelöl (s. S. 49)
Spargel-Ei-Terrine (s. S. 55)

Die Nudeln, wie unten beschrieben, einweichen.

Eine großzügige Menge Salatblätter und Kräuter auf zwei Schalen verteilen. Das Öl in einer kleinen Pfanne erhitzen. Die Frühlingszwiebeln darin bei schwacher Hitze 5 Minuten braten und beiseitestellen. Die Nudeln auf eine Seite der Schalen geben und die Frühlingszwiebeln mit Öl darauf verteilen.

Das Gemüse selbst marinieren oder fertige Pickles aus dem Vorrat in die Schalen geben.

Für das Dressing Chili, Honig, Perillasauce, Zitrusschale und -saft, 2 EL heißes Wasser und Minze in einer Schüssel verrühren oder in einem verschlossenen Schraubglas schütteln.

Die Nudelschalen mit einem der vorgeschlagenen Toppings belegen und mit Nüssen oder Cashewkernen bestreuen. Mit dem Dressing übergießen und servieren.

Wie man Nudeln einweicht

Die Nudeln in eine Schüssel geben, mit kochendem Wasser übergießen, abdecken und 5–10 Minuten ziehen lassen (die Garzeit variiert je nach Sorte, also immer den Garzustand überprüfen). In ein Sieb abgießen, kurz unter heißem Leitungswasser abspülen, das Sieb abdecken und die Nudeln etwa 10 Minuten abtropfen lassen.

SECHS

SUPPEN FÜR DIE SEELE

Ohne *phở* könnte ich nicht existieren. Ich liebe Nudelsuppen zum Frühstück, Mittag- oder Abendessen und als Mitternachtssnack. Leichte, delikate und sättigende vietnamesische Nudelsuppen stehen ganz oben auf meiner Sehnsuchtsliste.

Meine Tochter Olive liebte Brühe, Nudeln, Grünzeug und Blätter schon als Kleinkind. Ich freute mich immer, wenn sie ihre Schüssel an den Mund hob und daraus trank. Als ich klein war, sorgte meine Großmutter dafür, dass ich das auch tat. »*Chou Chou, oi*«, sang sie und kicherte dabei meinen Kosenamen »Weißkohl«. »*No chưa?*« (Schon satt?).

Kurz nach dem Krieg baute mein Onkel jeden Morgen für meine Großmutter ihren Frühstücksstand vor unserem Haus in Saigon auf, an dem sie Zitronengras-Nudelsuppe (s. S. 148) anbot. Sie war das Gesicht und der Kopf des Imbisses, und er war die Muskelkraft, trug die Vorräte, wusch sie, schnitt sie in Scheiben, bereitete sie vor, kochte sie und so weiter. Meine Großmutter stimmte die Aromen ab, stellte die Schalen zusammen und kontrollierte jedes Detail. Danach räumte mein Onkel alles weg, bevor alles am nächsten Tag von Neuem begann.

Es steckt viel Energie in der Zubereitung einer guten Brühe mit all ihren Aromen. Toppings und Garnierungen machen das Ganze perfekt. Es schmeckt nur deshalb so gut, weil jedes Element mit viel Sorgfalt und Liebe zum Detail zu einer perfekten Schüssel Nudelsuppe verarbeitet wird. Meine Großmutter erwartete, dass jeder Streifen der Frühlingszwiebel gewellt war, die Nudeln den perfekten Biss hatten und so weiter. Alles musste genau richtig sein, erzählte mir mein Onkel.

Dieses perfekte Zusammenspiel war die Grundlage für meinen Dinner Club, den ich über ein Jahrzehnt lang zusammen mit meiner Mutter organisiert habe. Sie sorgte dafür, dass alles so war, wie es sein sollte, wie sie es bei jedem Foto in meinen Büchern tut. Es gibt nichts Besseres als einen reichen Erfahrungsschatz und reine Hingabe an das Essen.

Sobald die Brühe fertig war und noch bevor der Dinner Club öffnete, setzten sich alle zusammen, die bei der Vorbereitung geholfen hatten, und aßen. Mit den Stäbchen in einer Hand fischten wir die Nudeln aus der Suppe, pusteten darauf, um sie abzukühlen, und schöpften mit der anderen Hand die Brühe von einem Löffel in unsere geschürzten Lippen. Am Anfang war es immer still, weil wir die ersten Bissen schlürfend genossen und erst Minuten später unsere Zufriedenheit äußerten. Meine Freundin Nubi sagte: »Das ist die beste bisher.« Mia: »Wie kann das so lecker sein? Jedes. Einzelne. Mal!" Meine Jugendfreundin Aggie schlürfte die Brühe lautstark, wie sie es von mir gelernt hatte. Ich gratulierte meiner Mutter: »*Ngon quá ngon!*« (sehr sehr lecker!).

PHỞ MIT PILZEN UND TOFU

PHỞ NẤM VÀ ĐẬU HỦ

Vegetarische vietnamesische Gerichte sind oft die fleischlose Version eines traditionellen Fleischgerichts, von buddhistischen Mönchen kreiert. Zwiebel und Ingwer sowie die Gewürze sind die wahre Essenz der beliebten *phở,* des Lieblingsfrühstücks aller.

Für 6 Personen
Vorbereitungszeit — 30 Minuten
Kochzeit — 1½ Stunden

Für die Brühe

- 1,5 kg gemischtes Wurzelgemüse (z. B. Süßkartoffel, Karotte, Kohl- und Steckrübe, Knollensellerie, Pastinake), geschält, halbiert oder in Stücke geschnitten
- 2 Stangen Staudensellerie, in große Stücke geschnitten
- 6 getrocknete Shiitake, eingeweicht und in Scheiben geschnitten
- 15 g Kandiszucker
- 20 g Meersalz
- 2 Gemüsebrühwürfel
- 1 Zwiebel, geschält und Enden abgeschnitten
- 20 g frischer Ingwer, längs halbiert
- 1 Stück Daikon (jap. Rettich, 15 cm), geschält und längs halbiert
- 1 Fenchelknolle, halbiert
- 10 Sternanis
- 1 kleine Zimtstange
- 4 Gewürznelken
- 1 TL Koriandersamen
- 1 TL Fenchelsamen

Für die Nudeln

- 450 g flache Reisnudeln
- frisch gemahlener schwarzer Pfeffer

Für die Einlage

- 3 EL Rapsöl
- 250 g gemischte Pilze, in dünne Scheiben geschnitten
- 2 EL vegetarische Austernsauce
- 120 g mittelfester Tofu, in 1 cm dicke Rechtecke geschnitten
- 1 Schalotte, fein gehackt
- 15 g Korianderblätter, grob gehackt
- 2 Frühlingszwiebeln, in 10 cm lange Stücke und dann längs in dünne Streifen geschnitten
- 1 Vogelaugenchili, fein gehackt (nach Belieben)
- 3 Zweige Thaibasilikum (nach Belieben)
- 6 Eier, weich gekocht (nach Belieben)

Zum Servieren

- 1 Limette, in 6 Spalten geschnitten

Einen großen Topf mit etwa 2,5 l Wasser füllen. Wurzelgemüse, Staudensellerie, Shiitake, Kandiszucker, Salz und Brühwürfel zugeben und alles aufkochen lassen.

Eine Grillpfanne erhitzen. Zwiebel, Ingwer, Daikon und Fenchel darin bei starker Hitze braten, bis sie rundum gebräunt sind. In die Brühe geben. Die Herdplatte unter der Pfanne ausschalten. Mit der Resthitze in derselben Pfanne Sternanis, Zimt, Gewürznelken, Koriander- und Fenchelsamen rösten. Ebenfalls in die Brühe geben (wer mag, gibt die Gewürze in ein Musselinsäckchen). Den Deckel auflegen und die Brühe 1 Stunde köcheln lassen.

Für die Einlage in der Zwischenzeit 1 EL Öl in einer mittelgroßen Pfanne erhitzen. Die gemischten Pilze mit der Austernsauce darin bei mittlerer Hitze 5 Minuten braten, bis sie zusammenfallen. Herausnehmen und beiseitestellen.

Das restliche Öl (2 EL) in der Pfanne erhitzen. Den Tofu darin von allen Seiten 8 Minuten braten, bis er goldbraun ist. Auf Küchenpapier abtropfen lassen und ebenfalls beiseitestellen.

Die Nudeln in eine Schüssel geben und mit kochendem Wasser bedecken. Einen Deckel auflegen und mindestens 4 Minuten ziehen lassen, bis die Nudeln gar sind. In ein Sieb abgießen und unter heißem Wasser ausspülen, bis das Wasser klar austritt. Dann einen Deckel auflegen und die Nudeln gut abtropfen lassen.

Mit einem Schaumlöffel Gemüse und Gewürze aus der Brühe heben. Das Gemüse, das gegessen werden soll, in Scheiben schneiden. Zwiebel, Ingwer, Sellerie und alles, was zu weich geworden ist, wegwerfen.

Die Nudeln auf einzelne Schalen verteilen und mit Pfeffer würzen. Tofu, gebratene Pilze und Gemüse auf den Nudeln verteilen. Mit Schalotte, Koriander, Frühlingszwiebeln sowie Chili und nach Belieben Thaibasilikum garnieren. Kurz vor dem Servieren die Eier schälen, halbieren, falls gewünscht, und 2 Hälften in jeder Schüssel platzieren.

Die Brühe erneut aufkochen und heiß in die Schalen schöpfen, bis alles von Brühe bedeckt ist. Sofort servieren. Die einzelnen Schalen bei Tisch mit einem Spritzer Limettensaft beträufeln.

BÁNH-CANH-NUDELSUPPE

BÁNH CANH CHAY

Einige der besten *bánh canh* (wörtlich: Suppennudeln) gibt es in Phan Thiết, der Heimatstadt meiner Mutter, an Straßenständen. Sie werden von Frauen mit jahrelanger Erfahrung in der Zubereitung genau dieses Gerichts betrieben. Eigentlich ist Phan Thiết insgesamt eine kulinarische Entdeckung, und ich empfehle Ihnen einen Besuch. Dieses erstaunlich schnell zubereitete, einfache und köstliche Gericht ist an allen Tagen des Jahres ein Renner. Die Brühe wird durch knusprige Schalotten und viel frische Limette noch kräftiger im Geschmack. Sie können jedes beliebige Gemüse verwenden und das Gericht so einfach oder kompliziert gestalten, wie Sie möchten. Ich empfehle Ihnen, 20 Minuten Zeit aufzuwenden, um die *bánh-canh*-Nudeln selbst zu machen. Sie können sie sogar in der Brühe kochen, wodurch die Brühe etwas andickt und die Suppe ein richtiges Wohlfühl-Gericht wird.

Für 2 Personen
Vorbereitungszeit — etwa 30 Minuten
Kochzeit — etwa 30 Minuten

2 × 200 g frische *bánh-canh*-Nudeln (s. S. 198) oder 400 g frische Udon (dicke jap. Nudeln)
1 l hausgemachte Gemüsebrühe (s. S. 196) oder 2 Gemüsebrühwürfel (für je ½ l Suppe)
2 EL Nährhefe oder 1 TL Pilzgewürz
1 EL vegane Fischsauce (s. S. 193) oder vegetarische Umamisauce
2 EL Pflanzenöl
2 Schalotten, in halbe Ringe geschnitten
20 g Dill oder Korianderblätter, grob gehackt
frisch gemahlener schwarzer Pfeffer
200 g grünes Blattgemüse wie Pak Choi, chinesische Brokkoliblätter oder Senfblätter, blanchiert, alternativ Brunnenkresse bzw. Blattspinat

Zum Servieren

2 große Limettenspalten

Zusätzliche Toppings zur Auswahl

Vegane vietnamesische Wurst, in 5 mm dünne Scheiben geschnitten (s. S. 117, nach Belieben)
Wantans mit Süßkartoffel und Wasserkastanie (s.S. 27)
Gemüse-Teigtaschen (s. S. 21 oder 22)
Spargel-Ei-Terrine (s. S. 55)

Die frischen Nudeln zubereiten, wie auf S. 198 beschrieben. Wenn Udon verwendet werden, diese in einen Topf geben, mit kochendem Wasser übergießen und 5 Minuten ziehen lassen. Abgießen und auf zwei Nudelschalen verteilen.

Die Gemüsebrühe oder 1 l Wasser mit den Brühwürfeln in einen Topf gießen. Nährhefe oder Pilzgewürz und Fisch- oder Umamisauce einrühren. Den Deckel auflegen und alles bei mittlerer Hitze zum Köcheln bringen.

Das Öl in einer Pfanne erhitzen. Die Schalotten darin bei schwacher bis mittlerer Hitze unter gelegentlichem Rühren braten, bis sie Farbe angenommen haben und knusprig sind. Dann auf die Nudelschalen verteilen und das in der Pfanne verbliebene Öl in die Brühe gießen.

Die Nudelschalen mit Dill oder Koriander (oder beidem), Pfeffer, zusätzlichen Toppings und Blattgemüse nach Wahl garnieren.

Die Brühe erneut aufkochen lassen und über die Nudeln gießen. Sofort mit Limettenspalten servieren.

NUDELSUPPE AUS DEM SÜDEN

HỦ TIẾU CHAY

Der Norden Vietnams hat *phở*. *Hủ tiếu* ist die Spezialität des Südens. Die vielschichtige Brühe wird durch gebratenen Knoblauch und Knoblauchöl, viel Schnittknoblauch und Sellerieblätter besonders gut. Es ist faszinierend, was für einen großen Unterschied kleine Dinge für den Gesamtgeschmack machen. Das Topping kann so einfach oder aufwendig sein, wie Sie möchten. Für das perfekte Saigonerlebnis genießen Sie diese wunderbare Nudelsuppe mit vietnamesischen Teigstangen (s. S. 32) zum Eintunken in die Brühe.

Für 4 Personen
Vorbereitungszeit — 45 Minuten
Kochzeit — 1 Stunde

Für die Brühe

2 l hausgemachte Gemüsebrühe (s. S. 196) oder Wasser
1 Zwiebel, ungeschält über einer Flamme geröstet
20 g frischer Ingwer
1 Nashibirne, geschält, Kerngehäuse entfernt, Frucht halbiert
1 roter Apfel, Kerngehäuse entfernt, Frucht geviertelt
1 Stück Daikon (jap. Rettich, 15 cm), geschält
1 Karotte
1 Stange Staudensellerie
20 g Kandiszucker
25 g Meersalz
2 TL Nährhefe
1 TL Sesamöl

Für die Toppings

2 EL Rapsöl
4 große Knoblauchzehen, fein gehackt
1 ½ EL Rapsöl
200 g mittelfester Tofu, in Stifte geschnitten und von beiden Seiten 8 Minuten gebraten (s. S. 61), oder Tofupuffs
100 g gemischte frische Pilze
1 EL vegetarische Austernsauce
2 EL Knusperschalotten (s. S. 208)
200 g Brokkolini
12 Wachteleier
1 Handvoll Bohnensprossen

Für die Nudeln

Hủ-tiếu-Nudeln (flache, dünne Tapiokanudeln), alternativ Reisnudeln oder Ramen (jap. dünne Nudeln)

Zum Servieren

40 g Schnittknoblauch, mit der Schere in 4 cm lange Stücke geschnitten
Sellerieblätter, grob zerzupft
frisch gemahlener schwarzer Pfeffer
1 Vogelaugenchili, schräg in Ringe geschnitten (nach Belieben)
1 Limette, geviertelt

Zusätzliche Toppings zur Auswahl

Daikon (jap. Rettich, in Scheiben geschnitten), Wantans (s. S. 27), Gemüse-Teigtaschen (s. S. 21 oder 22), Vegane vietnamesische Wurst (s. S. 117)

Gemüsebrühe oder Wasser in einem großen Topf aufkochen. Zwiebel, Ingwer, Birne, Apfel, Daikon, Karotte und Sellerie zugeben. Mit Zucker, Salz und Nährhefe würzen und 45 Minuten köcheln lassen. Dann das Sesamöl hinzufügen und die Brühe vom Herd nehmen.

Für die Toppings das Rapsöl in einer kleinen Pfanne erhitzen. Den Knoblauch darin bei mittlerer Hitze goldbraun werden lassen. Sofort mit dem Öl in eine hitzebeständige Schüssel gießen.

Nun 1 EL Öl in derselben Pfanne erhitzen. Tofu und Pilze mit Austernsauce und 1 EL Knusperschalotten darin bei mittlerer Hitze braten, bis die Pilze zusammenfallen. Beiseitestellen.

Das restliche Öl (½ EL) in der Pfanne erhitzen und die Brokkolini darin braten.

Die Wachteleier 4 Minuten kochen, schälen und halbieren. Nun 1,5 l Wasser aufkochen. Die Bohnensprossen in eine Schüssel geben, mit etwas kochendem Wasser übergießen und 2 Minuten blanchieren, dann abgießen. In dem restlichen Wasser die Nudeln einweichen (s. S. 137)

Vier Schalen mit Nudeln, Bohnensprossen, Tofu, Pilzen, Brokkolini, Wachteleiern, gebratenem Knoblauch, restlichen Knusperschalotten (1 EL), Schnittknoblauch und Sellerieblättern anrichten. Das Gemüse aus der Brühe nach Belieben zugeben. Ich liebe in Scheiben geschnittenen Daikon und Wantans dazu.

Zum Servieren die Brühe erneut aufkochen und über die Nudeln löffeln. Mit Pfeffer und nach Belieben Chili bestreuen. Die Limettenspalten getrennt dazu reichen.

ZITRONENGRAS-NUDELSUPPE

BÚN BÒ HUẾ CHAY

Es ist wichtig, dass Sie der Brühe Zeit und Liebe widmen. Wählen Sie so viele Toppings, wie Sie möchten, und richten Sie alles so an, dass es schön aussieht. So haben schon meine Mutter, meine Großmutter und all ihre Vorfahren ihre Liebe und Zuneigung ausgedrückt – das Auge isst eben mit.

Für 6 Personen
Vorbereitungszeit — 30 Minuten–1½ Stunden
Kochzeit — mindestens 1½ Stunden

Für die Brühe

40 g getrocknete Shiitake oder Wildpilze
3 l hausgemachte Gemüsebrühe (s. S. 196) mit Gemüse
1 große Zwiebel, ungeschält über einer Flamme geröstet
2 Limettenblätter
2 TL Meersalz
20 g Palm- oder Kandiszucker
2 EL Nährhefe
3 EL vegane Fischsauce (s. S. 193)
3 Stängel Zitronengras

Für die Zitronengras-Chili-Paste

100 ml Pflanzenöl
10 g Annatto (asiatisches Gewürz mit Farbstoff)
3 EL Zitronengras-Chili-Öl (s. S. 210)

Für die Toppings

200 g Tofupuffs, halbiert
3–4 EL Pflanzenöl
300 g mittelfester Tofu, in Stifte geschnitten
100 g Pilze, z. B. Enoki, in Scheiben geschnitten
1 EL vegetarische Austernsauce
Blattgemüse, wie Wasserspinat, Choi Sum oder Pak Choi, blanchiert, alternativ Zucchiniblüten

Für die Nudeln

Reisnudeln (1,2–1,8 mm)

Zusätzliche Toppings (nach Belieben)

Zitronengras-Tofu (s. S. 65)
Vegane vietnamesische Wurst (s. S. 117)

Zum Servieren (nach Belieben)

Thaibasilikum, Bohnensprossen, Korianderblätter, Frühlingszwiebelringe, vietnamesischer Koriander
1 Vogelaugenchili, in Ringe geschnitten
1 Limette, geviertelt

Für die Brühe die getrockneten Pilze in einer Schüssel mit 150 ml kochendem Wasser einweichen. Das Wasser aufbewahren.

Die Gemüsebrühe in einen Topf gießen. Zwiebel, Limettenblätter, Salz und Zucker zugeben. Aufkochen, den Deckel auflegen und die Brühe 30 Minuten köcheln lassen. Mit Nährhefe und Fischsauce abschmecken. Das Zitronengras mit dem Messerrücken zerdrücken und über einer Gasflamme oder in einer Pfanne ohne Fett rösten, bis die Seiten dunkel werden. Mit den eingeweichten Pilzen und dem Einweichwasser in die Brühe geben und weitere 30 Minuten köcheln lassen.

In der Zwischenzeit für die Zitronengras-Chili-Paste das Öl in einer Pfanne erhitzen. Die Annattosamen darin bei mittlerer Hitze einige Minuten unter Rühren braten, bis sie ihren roten Farbstoff freisetzen. Das rote Öl durch ein feines Sieb in eine kleine Schüssel gießen und die Samen wegwerfen. Das Zitronengras-Chili-Öl mit dem roten Öl verrühren.

Die Hälfte der Mischung unter die Brühe rühren, in der anderen die Tofupuffs 30 Minuten marinieren.

Für die Toppings das Öl in derselben Pfanne erhitzen. Den Tofu darin bei mittlerer Hitze 3 Minuten braten, dann Pilze und Austernsauce zugeben. Sobald die Pilze weich sind, das Blattgemüse untermischen und 1–2 Minuten unter Rühren zusammenfallen lassen. Beiseitestellen.

Die Nudeln in einem Topf mit kochendem Wasser etwa 10 Minuten al dente kochen, dabei gelegentlich durchrühren, damit sie nicht am Boden festkleben. In ein Sieb abgießen und unter warmem Leitungswasser abspülen, bis das Wasser klar abfließt. Die Nudeln abgießen und abgedeckt mindestens 10 Minuten abtropfen lassen.

Das Gemüse mit einem Schaumlöffel aus der gekochten Brühe heben. Die eingeweichten Pilze und das als Topping gewünschte Gemüse in mundgerechte Stücke schneiden.

Die Suppenschalen mit Nudeln, Gemüse, Pilzen, Tofupuffs und zusätzlichen Toppings nach Wahl füllen.

Die Brühe erneut aufkochen und in die Nudelschalen löffeln. Nach Belieben Kräuter hineingeben, mit Chili bestreuen und mit einem Spritzer Limettensaft beträufeln. Sofort servieren.

NUDELSUPPE MIT EI UND TOMATEN

BÚN RIÊU CHAY

Diese Suppe wird meist als leichtes Mittag- oder Abendessen serviert. Aber auch nach einem großen Festmahl, wenn nach einigen Stunden der Magen wieder knurrt, ist sie eine gute Wahl. Sie kann je nach Garnierung und Toppings einfach oder aufwendig sein. Die seidigen Eier sehen in der Brühe auf Tomatenbasis wunderbar aus.

Für 2 Personen
Vorbereitungszeit — 20 Minuten
Kochzeit — 30 Minuten

Für die Brühe

850 ml hausgemachte Gemüsebrühe (s. S. 196) oder Wasser
4 g getrocknete Wildpilze, gesäubert
1 TL Pilzgewürz oder gekörnte Gemüsebrühe
1 Stängel Zitronengras, mit dem Messerrücken zerdrückt
1 EL Rapsöl
1 Schalotte, in dünne Scheiben geschnitten
3 Knoblauchzehen, in Scheiben geschnitten
120 g Kirschtomaten, halbiert
1 EL Tomatenmark
1 Prise Meersalz
10 g Kandiszucker oder 1 TL Zucker
3 Eier, verquirlt
1 Frühlingszwiebel, in Ringe geschnitten
1 TL vegane Fischsauce (s. S. 193), plus 1 EL Saft von 1 Limette
1 Limette, in Spalten geschnitten

Für die Nudeln

100 g Reis-Vermicelli (0,8 mm)
½ Portion Zitronengras-Tofu (s. S. 65) oder gebratener Tofu (s. S. 61)

Zum Servieren (nach Belieben)

Korianderblätter
Minze
1 Frühlingszwiebel, längs in dünne Streifen geschnitten und in kaltem Wasser eingeweicht
Thaibasilikum
frisch gemahlener schwarzer Pfeffer
Thaipetersilie
Bananenblüten, grob gehackt
Wasserspinat, grob gehackt
2 Limettenspalten
Vogelaugenchilis, in Ringe geschnitten

Brühe oder Wasser in einen großen Topf gießen. Pilze, Pilzgewürz oder gekörnte Brühe und Zitronengras zugeben. Bei schwacher Hitze 10 Minuten köcheln, bis die Pilze weich sind und das Zitronengras sein Aroma an die Brühe abgegeben hat.

Das Öl im Wok oder einer Pfanne erhitzen. Schalotte und Knoblauch darin bei mittlerer Hitze braten, bis sie goldbraun sind. Tomaten und Tomatenmark unterrühren, mit Salz und Zucker abschmecken und 2–3 Minuten köcheln lassen. Dann die Tomatenmischung in die Brühe geben und alles vermengen.

Die Nudeln in eine Schüssel geben und mit kochendem Wasser übergießen. Einen Deckel auflegen und 10 Minuten ziehen lassen. Dann in ein Sieb abgießen und unter fließend heißem Wasser abspülen, anschließend einen Deckel auflegen und die Nudeln 10 Minuten abtropfen lassen.

Zwei Schalen mit Nudeln, Tofu und den gewünschten Garnierungen zusammenstellen.

Die Eier in einem Messbecher mit Frühlingszwiebeln und 1 TL Fischsauce verrühren.

Die Brühe erneut erhitzen. Restliche Fischsauce (1 EL) und Limettensaft in die Brühe rühren. Nun bei starker Hitze mit einem langstieligen Löffel die Brühe in kreisenden Bewegungen umrühren und die Eimasse vorsichtig hineingießen, sodass das Ei in der wirbelnden Brühe gart und in fluffigen Wolken stockt. Eimasse und Tomaten in die Nudelschalen geben. Die heiße Brühe über die Nudeln geben.

Sofort mit den Limettenspalten und Garnierungen nach Wahl servieren.

SCHNELLE NUDELSUPPE MIT PILZEN

MÌ NẤM

Beim Einweichen von getrockneten Pilzen wird so viel Geschmack extrahiert, dass sich daraus eine schnelle Brühe zaubern lässt, die man mit viel grünem Blattgemüse genießen kann.

Für 1 Person
Vorbereitungszeit — 15 Minuten
Kochzeit — 25 Minuten
Einweichzeit — 20 Minuten

10 g getrocknete Pilze
60 g flache Reisnudeln, Ramen (jap. Nudeln) oder Soba (jap. Buchweizennudeln)
70 g Blattgemüse, wie chinesischer Brokkoli, Pak Choi, Brunnenkresse, chinesischer Weißkohl, Senfblätter
300 ml hausgemachte Gemüsebrühe (s. S. 196)
1 EL helle Sojasauce
1 EL dunkle Sojasauce
1 EL Nährhefe oder ½ Gemüsebrühwürfel
1 Ei, wahlweise weich oder hart gekocht

Zum Servieren

1 Frühlingszwiebel, in dünne Ringe geschnitten
1 TL Sesamöl (nach Belieben)

Die Pilze 15–20 Minuten in 125 ml kochend heißem Wasser einweichen. Die Stiele von den Köpfen trennen und die Köpfe in dünne Scheiben schneiden. Das Einweichwasser aufbewahren.

Die Nudeln nach Packungsangabe garen.

Das Gemüse in eine Schüssel geben, mit kochendem Wasser übergießen und 5 Minuten blanchieren. Abgießen.

Die Gemüsebrühe in einen Topf gießen und aufkochen. Das Einweichwasser der Pilze zugießen. Helle und dunkle Sojasauce sowie die Nährhefe unterrühren und alles 5 Minuten köcheln lassen.

Nudeln, Pilze und Gemüse in eine Schüssel geben. Die Brühe noch einmal kräftig aufkochen lassen, dann über Nudeln und Gemüse geben. Das Ei schälen, halbieren und hinzufügen.

Die Suppe mit den Fühlingszwiebelringen bestreuen und nach Belieben mit Sesamöl beträufeln.

SÜSS-SAURE TOMATENSUPPE MIT GELBER BETE

CANH CHUA CHAY

Diese kräftige Suppe bringt Sonnenschein auf den Tisch. Tomaten sind ein Muss, aber sie können auch mit Ananas, Tarowurzel, Reisfeldkraut und Bohnensprossen kombiniert werden. Dies ist ein schnelles Gericht, denn das Gemüse muss seinen Biss behalten, also halten Sie alles am Herd bereit. Schmecken Sie regelmäßig ab – die Ausgewogenheit der Aromen macht die Magie. Da die Zutaten in ihrer Süße und Schärfe variieren, geben Sie zunächst nur die Hälfte der Gewürze hinzu. Bei Bedarf können Sie nachwürzen, aber denken Sie daran, dass das Gericht sowohl süß als auch sauer sein soll. Servieren Sie die Suppe mit Reis und anderen Gerichten oder zu einer Schale Reis-Vermicelli.

Für 4 Personen
Vorbereitungszeit — 15 Minuten
Kochzeit — 12 Minuten

750 ml hausgemachte Gemüsebrühe, ungewürzt (s. S. 196), oder Wasser
1½ Gemüsebrühwürfel (für je ½ l Brühe)
1 EL Rapsöl
4 Knoblauchzehen, fein gehackt
2 EL vegane Fischsauce (s. S. 193)
100 g gelbe Bete, geschält und in mundgerechte Stücke geschnitten
2 Tomaten, geachtelt
2½ EL Kokoszucker oder 1½ EL Zucker
2 Stangen Rharbarber (à 25 cm)
20 g Dill, mit der Schere in 4 cm lange Stücke geschnitten
50 g Bohnensprossen (nach Belieben)
1 Vogelaugenchili, schräg in dünne Ringe geschnitten
Saft von 1 Limette

Zum Servieren (nach Belieben)

Tofu mit Salz und Pfeffer (s. S. 62)
Vegane vietnamesische Wurst (s. S. 117)
Omelett, in Streifen geschnitten
Jasminreis oder Reis-Vermicelli

Die Gemüsebrühe oder 750 ml Wasser in einen Topf geben, die Brühwürfel zugeben und aufkochen lassen.

Das Öl in einer kleinen Pfanne erhitzen. Den Knoblauch darin bei schwacher Hitze braten, bis er Farbe angenommen hat. In eine kleine Schüssel geben und beiseitestellen.

Sobald die Brühe kocht, die Temperatur auf mittlere Hitze reduzieren, Fischsauce, Bete, Tomaten und Zucker zugeben und 5 Minuten köcheln lassen. Den Rhabarber hinzufügen und weitere 5 Minuten köcheln lassen, dann Dill und nach Belieben Bohnensprossen unterrühren.

Vom Herd nehmen und in eine große Servierschüssel füllen. Knoblauch und Chili unterrühren und großzügig mit Limettensaft beträufeln.

In einer großen Schüssel zusammen mit Reis und anderen Gerichten servieren oder über einer Schale Reis-Vermicelli anrichten, getoppt mit Tofu, veganer Wurst oder Omelettstreifen. Sie können die Suppe auch in individuellen Schalen servieren.

HINWEIS

Wenn Rhabarber keine Saison hat, verwenden Sie Ananas aus der Dose oder frische Ananas, Sellerie oder Tarowurzel. Auch die gelbe Bete können Sie durch Chayote, Kohlrabi, Daikon oder Nashibirne ersetzen.

BRUNNENKRESSE-INGWER-SUPPE MIT TOFU

CANH CẢI XÀ LÁCH XOONG

Servieren Sie diese einfache, schnelle und erfrischende Suppe als wärmenden Gaumenreiniger zwischen zwei Bissen Reis.

Ergibt 4 kleine Schalen
Vorbereitungszeit — 5 Minuten
Kochzeit — 5 Minuten

20 g frischer Ingwer, in dünne Scheiben geschnitten
2 EL Nährhefe oder 1 TL gekörnte Pilzbrühe
1 TL Meersalz
150 g Seidentofu, in 1 cm große Würfel geschnitten
100 g Brunnenkresse oder Wasserkresse, grob zerkleinert

700 ml Wasser in einem Topf aufkochen. Ingwer, Nährhefe oder Pilzbrühe, Salz und Tofu zugeben und erneut aufkochen. Die Kresse unterrühren und weitere 2 Minuten köcheln lassen. Fertig!

REISBREI MIT GEMÜSE

CHÁO

Cháo (Reisbrei) ist eine großartige Grundlage für jegliches Saisongemüse. Kochen Sie einfach Reis und Wasser oder Brühe zusammen, bis die Körner aufgegangen sind. Wenn Sie ihn zum Frühstück oder bei Unwohlsein essen, ist der heilende Ingwer besonders wohltuend. In diesem Rezept wird ungekochter Reis verwendet. Wenn Sie jedoch gekochten Reis übrig haben, fügen Sie ihn der Brühe zu und lassen Sie ihn kürzer köcheln. Brauner oder wilder Reis brauchen länger. Als Köchin bin ich besonders gern kreativ, füge etwas hinzu und koste dann. Plündern Sie Ihren Kühlschrank. Öffnen Sie den Vorratsschrank. Es gibt kein Richtig oder Falsch, nur eine kleine Regel: Kochen Sie härteres Gemüse ein wenig länger und geben Sie weicheres erst gegen Ende der Kochzeit hinzu. Karotte und Koriander; Kürbis und Ingwer; Kurkuma und Spargel; Kürbis und Topinambur; Wintermelone und Brunnenkresse; Karotte, Erbsen und Zucchini; Radicchio, Zucchini und dicke Bohnen; rote Bohnen und Chiliöl, Weißkohl und Dill – die Variationen sind endlos. Sie können Ihren Brei auch mit Resten von scharfem Tofu mit Aubergine und Enokipilzen (s. S. 66), Zitronengras-Tofu (s. S. 65) oder Wasserspinat mit Kapern (s. S. 43) anrichten.

Für 4 Personen
Vorbereitungszeit — 5–15 Minuten
Kochzeit — 35 Minuten

750 ml hausgemachte Gemüsebrühe (s. S. 196), alternativ 1 Gemüsebrühwürfel oder ½ TL gekörnte Pilzbrühe
½ EL Meersalz
5 g Kandiszucker
125 g Jasminreis, dreimal gewaschen und abgegossen
20 g frischer Ingwer, fein gehackt
500 g Gemüse nach Wahl
1 EL vegetarische Umamisauce, 1 Prise Salz oder vegane Fischsauce (s. S. 193)
¼ TL frisch gemahlener schwarzer Pfeffer

Zum Servieren

Frühlingszwiebeln, in dünne Ringe geschnitten
Auswahl an Kräutern wie Korianderblätter, Basilikum, Schnittknoblauch, Sellerieblätter, grob zerkleinert
Knusperschalotten (s. S. 208)
frisch gemahlener schwarzer Pfeffer
Vogelaugenchilis, schräg in Ringe geschnitten (nach Belieben)

Die Gemüsebrühe (alternativ 750 ml Wasser mit Brühwürfel oder gekörnter Pilzbrühe) in einen Topf geben, Salz und Zucker hinzufügen und die Brühe zum Kochen bringen.

Reis und Ingwer hineingeben. Aufkochen lassen, dann die Temperatur auf niedrigste Stufe reduzieren und unter gelegentlichem Rühren etwa 10 Minuten köcheln lassen. Den Schaum immer wieder von der Oberfläche abschöpfen.

Zunächst das härtere Gemüse zugeben. Weitere 10 Minuten bei schwacher Hitze köcheln lassen, dann das weiche Gemüse zugeben. Jetzt sollten die Reiskörner allmählich aufgequollen sein und die Brühe eindicken.

Mit Umamisauce, Salz oder Fischsauce sowie Pfeffer abschmecken und weitere 5 Minuten köcheln lassen.

Zum Servieren den Reisbrei vorsichtig erhitzen, in Portionsschalen füllen und mit den Garnierungen bestreuen.

HINWEIS

Sie können mit der Textur des Breis spielen, indem Sie ihn länger oder kürzer kochen und mehr oder weniger Flüssigkeit zugeben. Es liegt ganz bei Ihnen!

SIEBEN

SÜSSES

Essen zum Vergnügen ist unglaublich wichtig. Auf Vietnamesisch muss der Mund buchstäblich versüßt werden (*ngọt miệng*). Mit anderen Worten: Süßes ist genauso wichtig wie die Hauptmahlzeiten.

Da Backöfen in Vietnam nicht üblich sind, wusste meine Mutter nicht, wie man Kuchen backt. Wann immer ich in die Küche durfte, habe ich es geübt, und zwar nach dem Prinzip *trial and error*, da wir weder Backbücher noch -rezepte hatten. Meine Mutter liebt Pâtisserie – ein weiterer französischer Einfluss, der sich in der vietnamesischen Kultur festgesetzt hat –, und sie ist eine anspruchsvolle Richterin. Als Teenager verbrachte ich meine Wochenenden damit, an perfektem Biskuitkuchen zu arbeiten.

Süßes erinnert mich oft an unsere Babysitterin, mit der meine Mutter sich auf der Flucht angefreundet hatte. Sie war eine 1,80 m große Dame namens bác Liên (inzwischen weit über 90), kam aus Kambodscha und hatte eine sehr raue, laute und lebhafte Stimme. Sie war immer perfekt mit Selbstgestricktem bekleidet, und sie trug eine Föhnfrisur im Stil der 1950er-Jahre.

Als sie endlich Pandan im Handel entdeckte, war das eine große Neuigkeit. Ich erinnere mich, wie meine Mutter und sie freudig die duftenden Blätter in die knisternden Plastiktüten steckten und beim Bezahlen Koch- und Aufbewahrungstipps austauschten. Sie gaben sich gegenseitig Ratschläge zu den gesundheitlichen Vorteilen, dämpften viele Kuchen und fügten den Extrakt zu süßen, cremigen Desserts hinzu.

Bác Liên kam jedes Wochenende mit einem Bambuskorb voller pandansüßer Köstlichkeiten. Im Gegenzug bat sie mich und meinen Bruder, ihr Englisch beizubringen. Das ging viele Jahre so, während ihr makellos frisiertes Haar immer weißer wurde. Sie brachte uns Honigkuchen aus Reismehl (den ich noch immer nicht perfekt hinbekomme), Mungobohnen-Schichtkuchen und Chiffon-Biskuitkuchen. Doch sie lernte nur: »Wie geht es Ihnen?«, »Ich würde gern Fisch kaufen«, »Vielen Dank« und »Mehr, bitte«, aber ihr reichte das.

BASKISCHER KÄSEKUCHEN MIT PANDAN

BÁNH BÔNG LAN PHÔ MAI

Ich liebe einfache Desserts, vor allem weil ich mit den vielen herzhaften Gerichten als Hauptspeise schon ausgelastet bin. Sie können diesen Kuchen im Vorfeld zubereiten und im Kühlschrank abkühlen lassen, während alles andere noch im Gange ist. Seine Textur ist weicher als die des baskischen Käsekuchens, und das Pandan verleiht ihm eine köstliche Cremigkeit; Pandanblätter sind das Geheimnis aller Köstlichkeit. Sobald Sie das verbrannte Papier am Tisch vom Kuchen abziehen, werden sich Ihre Gäste um ein Kuchenstück streiten.

Für 8 Personen
Vorbereitungszeit — 15 Minuten
Kochzeit — 1 Stunde
Kühlzeit — 2–6 Stunden

½ EL Pflanzenöl zum Einfetten
100 g frische Pandanblätter, in 5 cm lange Streifen geschnitten und gewaschen
150 ml Kokoswasser oder Wasser
800 g Frischkäse (Zimmertemperatur)
190 g Zucker
4 Eier (Zimmertemperatur)
2 EL Mehl
200 ml Kokosmilch oder Schlagsahne
¼ TL Meersalz

Außerdem
Springform (Ø 20 cm)

Den Backofen auf 220 °C (Umluft) vorheizen und einen Rost auf die mittlere Schiene schieben.

Die Springform mit dem Öl einfetten und mit zwei großen Bögen Backpapier (ca. 40 cm lang) auslegen. Dabei den einen Bogen im 45 °-Winkel zum anderen legen, sodass die Ecken sternförmig in verschiedene Richtungen zeigen. Das Papier sorgfältig an allen Kanten in die Form drücken. Darauf achten, dass an den Rändern ausreichend Papier übersteht.

Zunächst einen Pandanextrakt herstellen. Dazu die Blätter mit Kokoswasser oder Wasser in den Mixer geben und zu einem Mus pürieren. Durch ein Sieb in eine Schüssel gießen und die Rückstände mit den Händen gründlich ausdrücken. (Die ausgedrückten Blätter können für einen zweiten Extrakt aufbewahrt werden.)

Den Frischkäse in eine große Rührschüssel geben und mit dem Handrührgerät bei niedriger bis mittlerer Geschwindigkeit etwa 3 Minuten rühren, dabei nach und nach den Zucker einrieseln lassen, bis er aufgelöst ist. Weiter rühren, dabei nacheinander die Eier zugeben und einzeln einarbeiten.

Das Mehl in die Schüssel sieben, Kokosmilch, Pandanextrakt und Salz zugeben und alles zu einem glatten, noch etwas flüssigen Teig verarbeiten.

Den Teig in die vorbereitete Form füllen, die Oberfläche glätten und den Kuchen 25 Minuten im Ofen backen. Die Oberfläche ist dann schon sehr dunkel, aber so soll es sein. Den Kuchen dann mit Alufolie oder Backpapier abdecken und weitere 35 Minuten backen.

Nach dem Backen sollte der Käsekuchen gewölbt und aufgeblasen sein wie ein Soufflé. Er kann auch aufgeplatzt sein (das ist in Ordnung), sollte aber in der Form noch wackeln. In der Form vollständig abkühlen lassen – er wird dabei zusammenfallen. Den Käsekuchen vor dem Servieren mindestens 2 Stunden kalt stellen, am besten schmeckt er allerdings nach 5–6 Stunden. Im Kühlschrank hält er sich bis zu 2 Tage.

VIETNAMESISCHES KAFFEEEIS

KEM CÀ PHÊ

Wenn es zu heiß ist für eine Tasse Kaffee, Sie sich aber trotzdem danach sehnen, ist es schwer, dem berühmten vietnamesischen Eiskaffee, dem *cà phê sữa đá,* zu widerstehen. Dies ist eine köstliche Variante des Eiskaffees, perfekt, um ein Festessen an einem schwülen Sommertag abzuschließen. Damit auch wirklich jeder Kaffeeliebhaber weiche Knie bekommt, brühe ich gern extra schwarzen vietnamesischen Kaffee in einem vietnamesischen Kaffeefilter *(phin)* auf und gieße ihn dann wie bei einem italienischen *affogato* über das Eis.

Für 6–8 Personen
Vorbereitungszeit — 10 Minuten
Rührzeit — 1 Stunde–1 Stunde 10 Minuten
Kühlzeit — 4 Stunden oder über Nacht

3 Päckchen vietnamesischer Instantkaffee oder 3 EL gemahlener vietnamesischer Kaffee
300 ml gezuckerte Kondensmilch
300 g Konditorsahne oder Schlagsahne

Außerdem
Eismaschine

Wenn Sie Instantkaffee verwenden, das Pulver in einer Schüssel oder einem Topf mit 300 ml kochendem Wasser und Kondensmilch verrühren.

Alternativ gemahlenen Kaffee verwenden und mit je 100 ml kochendem Wasser nacheinander drei Tassen Kaffee in einem vietnamesischen Kaffeefilter zubereiten. Diesen Kaffee in einer Schüssel oder einem Topf mit der Kondensmilch verrühren.

Die Schlagsahne zugießen und alles sorgfältig verrühren. Die Mischung in die Eismaschine geben und 1 Stunde–1 Stunde 10 Minuten rühren. In einen Behälter füllen und mindestens 4 Stunden oder über Nacht ins Tiefkühlfach stellen.

Das Eis lässt sich auch ohne Eismaschine zubereiten. Dazu die Kaffeemischung in einen Behälter geben und 2 Stunden ins Tiefkühlfach stellen. Mit einer Gabel gründlich durchrühren. Nach weiteren 2 Stunden im Tiefkühlfach erneut verrühren. Noch einmal 2 Stunden kalt stellen.

KOKOS-TAPIOKA-PUDDING MIT BANANE

CHÈ CHUỐI

Dieses süße, cremig-flüssige Dessert, *chè,* ist abends oder als erfrischender Snack tagsüber beliebt. Es ist ein wohltuendes, süßes und warmes Dessert für alle Kokosnuss- und Bananenfreunde und wirklich einfach in der Zubereitung. Wenn Sie kleine asiatische Fingerbananen bekommen können, bringen diese den wahren Geschmack dieses Desserts zur Geltung, aber Sie können auch normale Bananen verwenden.

Für 4–6 Personen
Vorbereitungszeit — 5 Minuten
Kochzeit — 15–20 Minuten

500 ml Kokoswasser oder Wasser
35 g Palmzucker
100 g kleine weiße Tapiokaperlen
200 ml Kokosmilch
4 reife Fingerbananen oder 2 normale Bananen, schräg in 5 mm dünne Scheiben geschnitten

Zum Servieren

1 EL geröstete und gesalzene Erdnüsse, grob gehackt oder zerstoßen

Kokoswasser oder Wasser und Palmzucker in einen Topf geben und bei mittlerer Hitze aufkochen lassen. Die Tapiokaperlen einrühren und 5 Minuten unter gelegentlichem Rühren köcheln lassen. Die Kokosmilch zugießen, die Bananen zugeben und weitere 5 Minuten köcheln lassen.

Vom Herd nehmen und auf kleine Schalen verteilen. Warm (oder gekühlt) und mit Erdnüssen garniert, servieren.

HINWEIS

Sie können die Bananen auch durch Kürbis, Taro, Süßkartoffel oder Mais ersetzen. Wenn Sie das Dessert im Voraus zubereiten, werden die Tapiokaperlen weiterhin Kokosmilch absorbieren, sich ausdehnen und aneinander haften. Brechen Sie daher vor dem Servieren alle Klumpen mit einer Gabel auf und geben Sie etwas Kokoswasser hinzu, um die Perlen voneinander zu lösen.

MILCHREIS MIT LOTUS UND LILA SÜSSKARTOFFEL

CHÈ KHOAI LANG CỦ SEN

Die lila Farbe dieses besonderen Milchreises kommt von der saftigen lila Süßkartoffel. Sie wird von dem weichen, süßen Kokosreis umhüllt – ein Kontrast zu den knackigen, wunderschön geometrischen Lotuswurzelscheiben. Dieses Dessert ist ausgesprochen gesund, denn die Zutaten sind für ihre ernährungsphysiologischen und medizinischen Vorteile bekannt.

Für 4–6 Personen
Vorbereitungszeit — 10 Minuten
Einweichzeit — 30 Minuten
Kochzeit — 25 Minuten

200 g Klebreis, mindestens 30 Minuten oder über Nacht eingeweicht, abgegossen und abgetropft
700 ml Kokoswasser
60 g Palmzucker
250 g lila Süßkartoffel, geschält und in 2 cm große Würfel geschnitten
170 g Lotuswurzel, geschält und in 5 mm dünne Scheiben geschnitten (große Scheiben halbiert)
150 g Lotusnüsse aus der Dose (Abtropfgewicht)
400 ml Kokosmilch

Klebreis, 400 ml Kokoswasser, Palmzucker, Süßkartoffel und Lotuswurzel in einen Topf geben und umrühren. Den Deckel auflegen und bei mittlerer Hitze aufkochen lassen. Dann die Temperatur auf die niedrigste Stufe reduzieren und 15 Minuten köcheln lassen, dabei gelegentlich rühren, damit nichts am Boden haften bleibt und anbrennt.

Sobald die Mischung eindickt, noch etwas vom restlichen Kokoswasser zugeben. Dies bei jedem Rühren wiederholen.

Die Lotusnüsse mit 150 ml Kokosmilch zugeben und alles gut verrühren. Weitere 5–10 Minuten köcheln lassen.

Mit der restlichen Kokosmilch (250 ml) verrühren und warm servieren.

HINWEIS

Alternativen: Süßkartoffel, Schwarzaugenbohnen, Kidneybohnen, Adzukibohnen.

Wenn Sie keine frische Lotuswurzel bekommen können, probieren Sie in Scheiben geschnittene Wasserkastanien aus der Dose.

FRUCHTIGER *TRIFLE*

BÁNH TRÁI CÂY NHIỀU TẦNG

Als Belohnung für uns Kinder kaufte meine Mutter oft *trifles* aus dem Supermarkt, Schichtspeisen mit Früchten. Auf der Liste der Dinge, die ich an den Briten mag, stehen *trifles* ganz oben. Zu besonderen Anlässen wie Weihnachten, Geburtstagen oder wenn jemand zu Besuch kommt, bereite ich gern ein reich dekoriertes *trifle* zu. Hübsche Desserts scheinen immer alle glücklich zu machen, also werden sie von Mal zu Mal aufsehenerregender. Das Beste daran ist, dass ich oft gekaufte Zutaten verwende, weil ich viel Zeit damit verbringe, den Rest des Essens zu kochen und daher ein Dessert brauche, das wenig Mühe macht. Wählen Sie so viele Früchte, wie Sie möchten, oder auch nur ein bis zwei Obstsorten. Ich bevorzuge Ginger Beer, aber Sie können auch jeden anderen Saft, wie Kokoswasser oder Aloe-Vera-Saft, verwenden.

Für 6–8 Personen
Vorbereitungszeit — mindestens 1 Stunde
Kochzeit — 10 Minuten–2 Stunden
Einweich-/Ruhezeit — mindestens 40 Minuten

Für die Geleeschicht

1½ TL Agar-Agar-Flocken
2 EL Zucker
450 ml Ginger Beer
5 Erdbeeren
1 Handvoll Himbeeren, halbiert
Drachenfrucht, gewürfelt
1 Kiwi, geschält, halbiert und in dünne Scheiben geschnitten

Für die Kuchenschicht

½ Pandan-»Geburtstagskuchen« (s. S. 174) oder gekaufte Löffelbiskuits
200 ml Malibu oder Cointreau (nach Belieben)

Für die Puddingschicht

600 ml gekaufter Pudding

Für die Cremeschicht

300 g Konditorsahne oder Schlagsahne
1 EL Puderzucker

Für die Toppings (nach Belieben)

Vorschläge: Baisertropfen, Pfirsiche aus der Dose, Erdbeeren in Scheiben, Schokoladenflocken, Jackfrucht, Drachenfrucht, Litschis, Kiwi

Für die Geleeschicht Agar-Agar-Flocken, Zucker und Ginger Beer in einem Topf verrühren und 30 Minuten ziehen lassen. Dann bei schwacher Hitze zum Sieden bringen. Nicht umrühren, nur warten, bis die Flüssigkeit heiß ist, sie darf aber nicht kochen. Dann 5 Minuten vorsichtig verrühren, bis die Agar-Agar-Flocken sich aufgelöst haben. Auf Zimmertemperatur abkühlen lassen.

In der Zwischenzeit die Früchte für die Geleeschicht auf die Dessertschalen verteilen.

Die abgekühlte Ginger-Beer-Mischung über die Früchte gießen und 10–30 Minuten im Kühlschrank fest werden lassen.

Biskuitkuchen oder Löffelbiskuits auf das Gelee schichten und nach Belieben mit Malibu oder Cointreau beträufeln. Den Pudding auf dem Biskuit verstreichen.

Kurz vor dem Servieren die Sahne mit dem Puderzucker schlagen, bis sie cremig ist, und über den Pudding geben. Mit Toppings nach Wahl garnieren und servieren.

PANDAN-»GEBURTSTAGSKUCHEN«

BÁNH BÔNG LAN LÁ DỨA

»Warum können wir keinen Geburtstagskuchen haben?«, beschwert sich mein Bruder, »ich will Geburtstagskuchen!« – »Aber es hat doch niemand Geburtstag!«, sage ich. »Ich weiß«, antwortet er, »aber ich will trotzdem Geburtstagskuchen.« Leichte und fluffige Biskuitkuchen sind in der vietnamesischen Kultur sehr beliebt. Geburtstagskuchen werden in der Regel mit Wolken aus Sprühsahne, Blumen und allem Möglichen dekoriert, einschließlich des Namens des Geburtstagskinds in eleganter Schrift. Sie können sich also austoben. Oder halten Sie sich zurück und genießen Sie einfach die weiche, fluffige und zarte Textur mit einer beruhigenden Tasse Tee.

Ergibt 1 Kuchen
Vorbereitungszeit — 25 Minuten
Backzeit — 55 Minuten

Für den Pandanextrakt

50 g frische Pandanblätter, in 5 cm lange Streifen geschnitten und gewaschen

Trockene Zutaten

100 g Mehl
¼ TL Salz
2 gehäufte TL Backpulver

Feuchte Zutaten

5 große Eigelb (Zimmertemperatur)
60 ml Kokos- oder neutrales Pflanzenöl
60 ml Kokosmilch oder Kuhmilch (Zimmertemperatur)

Für das Baiser

5 Eiweiß (Zimmertemperatur)
140 g Zucker

Außerdem

quadratische Backform (20 cm Kantenlänge)

Den Backofen auf 200 °C (Umluft) vorheizen und einen Rost auf die mittlere Schiene schieben. Die Backform mit Backpapier auslegen.

Für den Pandanextrakt die Pandanblätter mit 70 ml Wasser in einen Mixer geben und zu einem Mus pürieren. Alles durch ein Sieb gießen und die Rückstände mit den Händen auspressen.

Mehl, Salz und Backpulver in eine große Schüssel sieben und vermischen. Eigelb, Öl, (Kokos-)Milch und Pandanextrakt zugeben und alles mit einem Spatel zu einem glatten Teig verarbeiten. Beiseitestellen.

Das Eiweiß in der Küchenmaschine oder mit dem elektrischen Handrührgerät zu Eischnee aufschlagen. Unter ständigem Schlagen den Zucker einrieseln lassen. Weitere 5 Minuten auf höchster Stufe schlagen, bis der Eischnee wirklich fest ist.

Etwa ein Viertel des Eischnees mit einem sauberen Spatel vorsichtig unter den Teig heben. Diesen Vorgang noch dreimal mit dem restlichen Eischnee wiederholen.

Den Teig in die Backform füllen und in ein Wasserbad (mit kochend heißem Wasser) stellen. Die Backofentemperatur auf 160 °C reduzieren und den Kuchen im Ofen 55–60 Minuten backen. Während dieser Zeit die Ofentür nicht öffnen.

Der Kuchen sollte sich zu einer Kuppel formen und an der Oberfläche gebräunt sein. Machen Sie nach der Backzeit die Stäbchenprobe: Der Kuchen ist gar, wenn an einem eingestochenen Holzstäbchen kein Teig mehr haften bleibt. Andernfalls weitere 5–10 Minuten backen. 10 Minuten in der Form abkühlen lassen, dann mit dem Backpapier aus der Form heben und auf einem Kuchengitter auskühlen lassen.

Den Kuchen einmal horizontal durchschneiden, wenn er mit einer Creme gefüllt werden soll. Nach Belieben dekorieren.

HINWEIS

Reste des Biskuits können Sie für einen fruchtigen *trifle* (s. S. 172) verwenden.

REGENBOGENDESSERT

CHÈ SƯƠNG SA HẠT LỰU

Der Name dieses Desserts bedeutet übersetzt »Gelee und Granatapfel«, aber der »Granatapfel« ist eigentlich eine Wasserkastanie. Die Vietnamesen sind also nicht nur Meister in der Zubereitung von kühlenden und erfrischenden Desserts, sondern auch äußerst kreativ. Dies ist mein absoluter Favorit und das Dessert meiner Kindheitsträume. Meine Mutter hat es immer nur dann gemacht, wenn ich mich mit meiner besten Freundin Agnieszka zum Spielen getroffen habe. Noch Jahre später saßen wir im Naturwissenschaftsunterricht und stellten uns vor, wie wir einen langen Dessertlöffel in die süße Bohnenpaste am Boden versenken und ihn mit den knackigen »falschen« Granatäpfeln und dem erfrischenden Gelee wieder herausziehen. Auch heute träumen wir noch davon.

Für 4 Personen
Vorbereitungszeit — 40 Minuten
Kochzeit — 35–40 Minuten

Für das Gelee

500 ml Kokoswasser
¾ TL gekaufter Pandanextrakt
1½ TL Agar-Agar-Flocken
1½ EL Zucker

Für die süße Bohnenpaste

100 g gespaltene Mungobohnen, 30 Minuten eingeweicht, oder 150 g gekochte Mungobohnen
60 ml Kokosmilch
3 EL Agavendicksaft oder Ahornsirup

Für die »Granatäpfel«

200 g Wasserkastanien, in 5 mm kleine Würfel geschnitten
1 EL Rote-Bete-Saft oder ½ TL rosa oder rote Lebensmittelfarbe
50 g Tapioka

Für die Kokosnuss

1 ganze junge Kokosnuss (nach Belieben) oder 300 ml Kokoswasser
200 ml Kokosmilch
3 Pandanblätter, zusammengeknotet
15 g Palmzucker
4 EL Crushed Ice (nach Belieben)

Für das Gelee das Kokoswasser in einen Topf gießen und den Pandanextrakt einrühren. Die Agar-Agar-Flocken zugeben und 30 Minuten ziehen lassen. Bei schwacher Hitze fast zum Sieden bringen, dabei aber nicht rühren. Sobald es leicht blubbert, den Zucker einrühren, bis er gelöst ist. Bei schwacher Hitze etwa 5 Minuten köcheln lassen. In eine flache Form (z. B. eine Auflaufform) gießen, zuerst auf Zimmertemperatur abkühlen lassen, dann im Kühlschrank kalt stellen. Das Gelee kurz vor dem Servieren in Würfel schneiden und mit einem Küchenspatel herausheben.

Für die süße Bohnenpaste die Bohnen etwa 15 Minuten dämpfen. Bohnen, Kokosmilch und Agavendicksaft oder Ahornsirup mit einem Stabmixer zu einer glatten Masse pürieren. Beiseitestellen.

Für die »Granatäpfel« die gewürfelten Wasserkastanien in Rote-Bete-Saft oder Lebensmittelfarbe wenden, bis sie rundum eine rote Farbe angenommen haben. Dann Tapioka unterrühren. Wasser in einem Topf aufkochen und die Wasserkastanien 3 Minuten kochen, bis sie an die Oberfläche kommen. Abgießen und unter kaltem Wasser abschrecken. Beiseitestellen.

Wenn Sie frische Kokosnuss verwenden, die Schale an der Oberseite mit einem Hackmesser aufbrechen und so weit öffnen, dass ein Esslöffel hineinpasst. Das Kokoswasser in einen Topf gießen. Hartes Fruchtfleisch in dünne Streifen schneiden, weiches Fruchtfleisch so belassen.

Kokosmilch, Pandanknoten und Zucker zum Kokoswasser in den Topf geben. Aufkochen lassen und rühren, bis der Zucker sich gelöst hat. Auf Zimmertemperatur abkühlen lassen, dann kalt stellen.

Zum Servieren die süße Bohnenpaste auf vier hohe Gläser verteilen. Dann nacheinander Geleewürfel, Wasserkastanien, Kokosfruchtfleisch und nach Belieben Crushed Ice daraufschichten. Mit der gesüßten Kokosmilch übergießen und mit langen Dessertlöffeln servieren.

Das Dessert sollte vor dem Verzehr umgerührt werden, damit sich die Aromen verbinden.

HINWEIS

Der Grad der Süße variiert möglicherweise bei der Verwendung von frischem Kokoswasser sowie von Marke zu Marke. Schmecken Sie die Bohnenpaste ab und passen Sie die Süße an.

MUNGOBOHNENKLÖSSE IN SÜSSEM INGWERSIRUP

CHÈ TRÔI NƯỚC

Dieses warme, süße und gleichzeitig ingwerscharfe Dessert ist ein weiterer typisch vietnamesischer Favorit. Vor allem an kälteren Abenden sind die weichen, mit honigsüßen, samtigen Bohnen gefüllten Teigtaschen sehr beliebt. Auch die kleinen Klebreis-»Murmeln« liebe ich, und es macht mir immer wieder Spaß, sie zuzubereiten, besonders mit einem Kind oder einem anderen lieben Menschen. Teigtaschen und »Murmeln« können sehr gut vorbereitet werden, und der Ingwergeschmack wird stärker, je länger Sie den Ingwer ziehen lassen.

Für 3–4 Personen
Vorbereitungszeit — 20 Minuten
Kochzeit — 35 Minuten

Für die Füllung der Klöße

30 g gespaltene Mungobohnen, 30 Minuten eingeweicht
1 EL getrocknete Kokosraspel
1 EL Honig
1 EL Kokosmilch

Für den süßen Ingwersirup

250 ml Kokoswasser
30 g Kandiszucker
40 g frischer Ingwer, in dünne Scheiben geschnitten

Für den Kloßteig

100 g Klebreismehl, plus mehr zum Bestäuben
1 Prise Salz

Zum Servieren

1 Spritzer Kokosmilch
1 TL geröstete Sesamsamen
1 EL getrocknete Kokosraspel

Für die Füllung die Bohnen mit 100 ml Wasser aufkochen. Den Deckel auflegen und bei mittlerer Hitze etwa 20 Minuten köcheln lassen.

Für den Ingwersirup Kokoswasser, Zucker und Ingwer in einem zweiten Topf bei mittlerer Hitze aufkochen und 5 Minuten köcheln lassen, bis der Zucker sich gelöst hat. Dann den Herd ausschalten und den Ingwer ziehen lassen.

Sobald die Bohnen das gesamte Wasser aufgenommen haben und gar sind, mit einer Gabel oder einem Kartoffelstampfer zerdrücken. Kokosraspel, Honig und Kokosmilch zugeben und alles zu einer glatten Masse vermengen. Die Füllung beiseitestellen.

Für den Kloßteig Klebreismehl, Salz und 120 ml kochendes Wasser in eine Schüssel geben und zuerst mit einem Holzlöffel vermischen, dann 5 Minuten mit den Händen kneten. Ist der Teig zu klebrig, die Hände mit etwas Mehl bestäuben. Er sollte am Ende die Konsistenz von Knetmasse haben.

Eine Arbeitsfläche mit Mehl bestäuben und den Teig zu einer etwa 3 cm dicken Wurst rollen. Wenn der Teig zu nass ist, noch etwas Mehl zugeben, ist er zu trocken, mit etwas Wasser beträufeln. Die Wurst in 12 Stücke schneiden und 3 Stücke in einem verschlossenen Behälter beiseitestellen. Eines der 9 verbliebenen Stücke zu einer Kugel rollen und mit der Handfläche zu einer 5 mm dünnen und 5 cm großen Scheibe drücken.

Nun 1 TL der Füllung in die Mitte der Teigscheibe geben und den Teig zu einem Kloß zusammendrücken, die Füllung dabei sorgfältig umschließen. Reißt der Teig auf, wieder zusammendrücken und alles zu einer Kugel rollen. Mit den anderen 8 Stücken ebenso verfahren. Die restlichen 3 Teigstücke jeweils vierteln und zwischen den Händen zu 12 »Murmeln« rollen.

Wasser in einem großen Topf aufkochen. Klöße und »Murmeln« hineingeben. Nach 1 Minute vorsichtig umrühren, damit die Klöße nicht am Boden haften. Etwa 5 Minuten kochen lassen, bis sie an die Oberfläche kommen. Noch 1–2 Minuten ziehen lassen, damit sie wirklich gar sind. Mit einem Schaumlöffel herausheben und in den Topf mit dem Ingwersirup geben.

Zum Servieren kurz erwärmen, in Schalen füllen, mit etwas Kokosmilch beträufeln und mit Sesamsamen und Kokosraspeln bestreuen.

BANANENBROT-SCHICHTKUCHEN

BÁNH DA LỢN

Als Kinder liebten wir dieses Dessert, es ist einfach und führt Kinder leicht an das Backen heran. Es eignet sich perfekt, um reife Bananen und altes Brot zu verbrauchen. Dieses Rezept basiert auf einem sehr traditionellen vietnamesischen Dessert, für das das Innere der Baguettes, das normalerweise bei der Zubereitung von *bánh mì* (s. S. 127) herausgenommen wird, sowie jegliches altbackene Brot verwendet wird. Wenn Sie kleine asiatische Fingerbananen bekommen können, ist der Bananengeschmack noch intensiver.

Für 6 Personen
Vorbereitungszeit — 15 Minuten
Kochzeit — 45 Minuten

160 g gezuckerte Kondensmilch
300 ml Kokosmilch
Mark von ½ Vanilleschote
¾ französisches Baguette, mit Kruste schräg in Scheiben geschnitten oder 10 Scheiben altbackenes Weißbrot, zerzupft
800 g reife Bananen (etwa 6 normale Bananen)
25 g Butter, zerlassen, oder Kokosöl
2 TL Zucker

Außerdem
Springform (Ø 20 cm)

HINWEIS

Mehr Biss bekommt der Kuchen, wenn Sie ihn mit Kokosraspeln, Mandelblättchen oder gehackten Walnüssen bzw. Pekannüssen bestreuen. Verteilen Sie zur Abwechslung einige Beeren auf dem Kuchenboden oder streuen Sie ein paar Rosinen darüber. Sie können den Kuchen auch mit Alkohol tränken. Halten Sie dazu einen Daumen über eine Flasche Kokosnussrum und bespritzen Sie den Kuchen damit.

Den Backofen auf 180 °C (Umluft) vorheizen.

Kondensmilch, Kokosmilch und Vanillemark in einer großen Schüssel verrühren. Das Brot zugeben, zum Einweichen untertauchen und alles gut vermengen.

Die Bananen schälen und schräg in dünne Scheiben schneiden.

Die Springform mit Butter oder Kokosöl einfetten und mit 1 TL Zucker bestreuen. Den Boden mit einer Schicht Bananenscheiben auslegen. Nun abwechselnd eingeweichtes Brot und Bananen aufschichten, dabei das Brot immer wieder mit dem Löffelrücken abflachen.

Den Kuchen mit dem restlichen Zucker (1 TL) bestreuen und im Ofen 40–45 Minuten backen. Abkühlen lassen, in Stücke schneiden und servieren.

SOJAMILCH

SỮA ĐẬU NÀNH

Meine Mutter vermisste Vietnam am Anfang so sehr, dass sie extreme Anstrengungen unternahm, um ihr Heimweh zu kurieren. In den Sommerferien konnten wir uns keinen Urlaub leisten. Stattdessen besorgte meine Mutter Sojabohnen aus Chinatown, weichte sie ein und zwang meinen Bruder und mich, auf dem Küchenboden zu sitzen und jede einzelne Bohne zu schälen, Hunderte und Tausende. Da sie sich damals keinen Mixer leisten konnte, massierte meine Mutter die geschälten Bohnen dann mit Wasser und melkte sie stundenlang mit bloßen Händen. Der Geruch von frischen, cremigen Sojabohnen erinnert uns alle an Zuhause. Zum Glück lässt sich Sojamilch heute schnell und einfach herstellen. Ich genieße morgens oft eine heiße Tasse!

Ergibt 1 Liter
Vorbereitungszeit — 8 Minuten
Einweichzeit — über Nacht
Kochzeit — 30 Minuten

100 g hochwertige Sojabohnen, über Nacht eingeweicht, ausgewaschen und abgegossen
20 g Kandiszucker (nach Belieben)

Die eingeweichten und abgegossenen Sojabohnen mit 1 l Wasser in einen Mixer geben und bei hoher Geschwindigkeit glatt und cremig mixen.

Ein Sieb mit Musselin auslegen und auf einen großen Topf stellen. Die Sojamilch hineingießen. Das Tuch kräftig ausdrücken und die Feststoffe wegwerfen. Bitte die Sojamilch noch nicht probieren, sie muss vor dem Verzehr gekocht werden.

Die Milch bei schwacher Hitze aufkochen lassen, dabei ständig beobachten, da sie schnell überkochen kann. Kurz vor dem Aufkochen Schaum und Feststoffe abschöpfen, dann nach Belieben Zucker hinzugeben. Die Temperatur auf ein Minimum reduzieren, den Deckel auflegen und die Milch 20 Minuten köcheln lassen.

Erneut den Schaum abschöpfen und die Milch warm oder gekühlt servieren. Im Kühlschrank bleibt sie bis zu 3 Tage frisch.

AVOCADO-KOKOS-SHAKE

SINH TỐ BƠ

Avocado gilt in Vietnam nicht so sehr als herzhaft, sondern als süß. Meine Mutter besaß keinen Mixer, und so machte sie diesen Shake, indem sie die Avocado mit gezuckerter Kondensmilch pürierte. Er war klumpig, buttrig und so köstlich! Man kann ihn wie eine Mousse oder sogar auf einem Baguette genießen. Aus diesem Rezept lässt sich auch eine fantastische Eiscreme herstellen, wenn Sie zusätzlich 1 EL gezuckerte Kondensmilch hinzufügen und alles in eine Eismaschine geben. Für besondere Anlässe können Sie Ihren Shake oder Ihr Eis mit gewürfelter frischer Kokosnuss, Jack- oder Drachenfrucht verfeinern.

Für 4 Personen
Vorbereitungszeit — 5 Minuten

4 reife Avocados, halbiert
500 ml Kokoswasser
160 g gezuckerte Kondensmilch
Eiswürfel (nach Belieben)

Das Avocadofruchtfleisch auslösen und in einen Mixer geben. Kokoswasser, Kondensmilch und nach Belieben Eiswürfel zugeben und alles zu einem cremigen Shake mixen. Sofort servieren.

Andere Kombinationen zum Kosten

In Vietnam öffnen die Shake-Stände, wenn die Sonne untergeht, denn dann kommen alle, um sich kühle, gesunde Getränke zu holen. Fruchtshakes sind ebenso beliebt wie frisches Obst; beides gilt als Geschenk für den Mund.

Die folgenden Obstsorten mit etwas Kokoswasser mixen und für mehr Süße Honig oder Ahornsirup zugeben. Die Shakes können auch in Eisformen zu erfrischenden Eislutschern gefroren oder als Sorbet serviert werden.

- Papaya und Melone
- Apfel mit Minze
- Sauerkirsche und Guave
- Guave und Ananas
- Mango und Erdbeeren
- Drachenfrucht und Litschi
- Wassermelone mit Minze

LIMETTENSODA MIT ERDBEEREN

SODA DÂU

Saigon, 1980: Ich war ein kleines Mädchen, und es war mein Geburtstag. Der Monsunregen prasselte auf das Blechdach, und die Feuchtigkeit ließ einen Nebel auf unseren Gesichtern entstehen. Meine Großmutter gab mir meine erste Kostprobe von süß-sauren Erdbeeren in Form von *xi rô* (Sirup), der irgendwie unter einem strengen Embargo importiert worden war. Obwohl Vietnam heute eine reiche tropische und außertropische Vegetation hat, herrschte zu der Zeit, als ich dort geboren wurde, aufgrund von Krieg und Hungersnot fast überall Lebensmittelknappheit. Heute floriert das Land, und es gibt jede Menge erfrischende Limetten, frische, junge Kokosnüsse, gepressten Zuckerrohrsaft und milchigen Eiskaffee, um den Durst zu stillen und die schwüle Hitze zu lindern, während wir unter einem Deckenventilator oder im Schatten eines Papayabaums sitzen.

Für 4 Personen
Vorbereitungszeit — 10 Minuten

Saft von 4 Limetten
4 EL brauner Zucker oder Ahornsirup
8 Erdbeeren, in Spalten geschnitten
1 Prise frisch gemahlener schwarzer Pfeffer
Eiswürfel
800 ml Mineralwasser mit Kohlensäure

Zum Servieren

½ Limette, in 4 Scheiben geschnitten

Limettensaft und Zucker im Mörser zu einer Paste zerstoßen. Die Paste auf vier Gläser verteilen. Die Erdbeeren im Mörser zerstoßen und zugeben. Pfeffer und Eiswürfel ebenfalls in die Gläser geben und alles mit Mineralwasser aufgießen. Die Limettenscheiben auf die Gläser stecken und sofort mit Strohhalm und/oder Löffel servieren.

LITSCHI-DRACHENFRUCHT-DRINK

HẠT É TRÁI VẢI

Frische Drachenfrüchte und Litschis haben selten gleichzeitig Saison. Verwenden Sie also ruhig Litschis aus der Dose oder eine andere Frucht für dieses köstliche Getränk, das im Allgemeinen wegen seiner Frische und Kühle getrunken wird. Basilikumsamen bekommen Sie im asiatischen Supermarkt, wo sie als *hạt é, sabja* oder *takmaria* bekannt sind.

Für 4 Personen
Vorbereitungszeit — 15 Minuten

2 EL Basilikumsamen
500 ml Kokoswasser
230 g Litschis (frisch oder aus der Dose)
1 rosa oder weiße Drachenfrucht, in mundgerechte Würfel geschnitten

Die Basilikumsamen mindestens 5 Minuten im Kokoswasser einweichen. Sie werden größer und gelartig. Bis zum Servieren im Kühlschrank aufbewahren. Litschis und Drachenfrucht auf vier Gläser verteilen und mit dem Basilikum-Kokoswasser aufgießen. Sofort servieren.

ACHT

GRUNDREZEPTE

Mit meinen Rezepten möchte ich die Aromen meiner Kindheit in einer modernen, vegetarischen Form an alle weitergeben, die vietnamesisch kochen und essen möchten. Im Geiste bin ich immer noch das Kind und der Teenager, der das Essen seiner Mutter liebte. Ich sitze immer noch an unserem bescheidenen Klapptisch mit der klebrigen, mit Orangen und Orangenblüten gemusterten Plastiktischdecke in einer Londoner Sozialwohnung. Ich sehe noch vor mir, wie meine Mutter Gurken in einer Geste der Liebe in meine Schüssel legt, wie sie frisch blanchierte grüne Blätter in der Reisschüssel meines Bruders auffächert und Brunnenkresse-Ingwer-Suppe in meine schöpft.

Ich habe hart daran gearbeitet, meine Rezepte zu entwickeln, zu schreiben und zu testen, aber ich habe das Gefühl, dass ich das Niveau meiner ruhigen, bescheidenen und schönen Mutter nie erreichen werde. Sie hat Jahre damit verbracht, ihre vietnamesische Küche hier in Großbritannien, wo wir unsere Wurzeln geschlagen haben, zu perfektionieren. Sie versetzt uns zurück in unsere Heimat und zu unserer geliebten, weit entfernten Familie in Vietnam.

Obwohl ich diese vietnamesischen Gerichte in einer vegetarischen Variante nachempfunden und nachgekocht habe, ist meine Mutter diejenige, die diesen Rezepten ihren wahren, großartigen und lebendigen Geschmack verliehen hat, denn ich habe die Grundlagen von ihr gelernt und bin ihrem Geschmack gefolgt, bevor ich mich an die Verwendung nicht-traditioneller Zutaten gewagt habe.

Meine Mutter hat es immer geschafft, uns mit wenig Geld zu ernähren. Sie hat mir gezeigt, dass es nicht kompliziert, zeitaufwendig, wenig nachhaltig oder teuer sein muss, alles selbst zu kochen. Es muss auch keine lästige Pflicht sein – Kochen kann Freude machen. Sie hat mich gelehrt, dass man mit dem Herzen am besten kocht.

Vor allem aber hat sie mir beigebracht, dass die kleinen Dinge die Grundlage für alles sind: von der Zubereitung von perfekt fluffigem Reis oder eingelegtem Gemüse zur Verfeinerung der täglichen Mahlzeiten über das Anrichten köstlicher Getränke bis zum Kochen schmackhafter Brühen.

VEGANE FISCHSAUCE

NƯỚC MẮM CHAY

Als ich die Ehre und das Privileg hatte, dieses Buch zu schreiben und Rezepte dafür zu testen, habe ich viele Dinge entdeckt, die mir ohne die Recherche über vegetarisches Essen entgangen wären. Die größte Herausforderung bestand darin, Fischsauce in meiner Küche zu ersetzen. Sie ist das Grundnahrungsmittel der vietnamesischen Küche und verleiht den Gerichten jenen unschlagbaren Umamigeschmack, der sie so umwerfend gut macht. Auf der Suche nach einer veganen Alternative habe ich mir mehrere vegane Fischsaucen auf dem Markt angesehen und festgestellt, dass die meisten auf Sojabasis und sehr salzig, aber ansonsten geschmacksneutral sind. Ich habe vegetarische Umamisauce gefunden, die sich gut für Salatdressings eignet, aber ich bin mir nicht sicher, ob diese überall zu finden ist, daher empfehle ich Ihnen, ein paar verschiedene Umamipasten auszuprobieren und zu sehen, welche Sie mögen.

Dann entdeckte ich die Lösung für mein Fischsaucenproblem, als ich im nach Süden ausgerichteten Kräuter- und Gemüsegarten meiner Mutter stand. Dort wächst ein Kraut namens Fischminze *(giấp cá),* das tatsächlich nach leicht säuerlichem Fisch schmeckt. Fischminze ist roh in Salaten und Wraps bereits großartig, aber als Grundzutat für eine vegane Fischsauce ist sie fantastisch. Es mag eine Herausforderung sein, dieses Kraut zu finden, aber wenn Sie die Chance haben, es selbst in Töpfen zu ziehen, können Sie Ihre eigene hausgemachte vegane Fischsauce praktisch vom Fass haben.

Ergibt 60 ml
Vorbereitungszeit — 10 Minuten
Kochzeit — 10 Minuten

- 20–30 g Fischminze, nur die Blätter
- 1 EL Ahornsirup oder Zucker
- 1 TL Meersalz
- 3 Knoblauchzehen
- 1 Vogelaugenchili, ganz
- 1 TL Limettensaft

Die Fischminzeblätter mit 100 ml Wasser, Ahornsirup, Salz, Knoblauch und Chili in einen Topf geben und bei mittlerer bis starker Hitze etwa 10 Minuten köcheln lassen, bis die Flüssigkeit auf die Hälfte reduziert ist. Durch ein Sieb gießen und die Feststoffe wegwerfen.

Den Limettensaft kurz vor dem Servieren zugeben.

Die Fischsauce ist nur 1 Tag haltbar, bevor sie sich verfärbt. Sie kann innerhalb der nächsten Tage noch verwendet werden, aber sie wird trüb, daher nur so viel zubereiten wie nötig.

Das Aroma nach Bedarf anpassen: Etwas heißes Wasser zugeben, wenn sie zu salzig ist, mit Zucker für mehr Süße sorgen oder mit Limettensaft das saure Aroma verstärken.

HAUSGEMACHTE TEIGBLÄTTER ZUM FÜLLEN

VỎ HÁ CẢO

Teigblätter zum Füllen sind in gut sortierten Supermärkten erhältlich. Doch sie sind ebenso einfach selbst zuzubereiten. Ich verwende eine Nudelmaschine, um den Teig auszurollen, aber Sie können ihn auch mit einem Nudelholz von Hand ausrollen.

Ergibt 25–30 Stück
Vorbereitungszeit — 30 Minuten
Ruhezeit — 30 Minuten

200 g Mehl (Type 00 oder Type 405), plus etwas mehr zum Bestäuben der Arbeitsfläche
50 ml frisch gekochtes Wasser
60 ml kaltes Wasser

Außerdem

Nudelmaschine oder Nudelholz
Ausstecher (Ø 8 cm)

Das Mehl in eine Rührschüssel geben. 50 ml kochendes Wasser zugießen und alles mit einem Küchenspatel zu einem krümeligen Teig verarbeiten. Nun 60 ml kaltes Wasser zugießen und einarbeiten, dann 10 Minuten zu einem glatten Teig kneten.

Den Teig in einen luftdicht verschlossenen Behälter geben und 30 Minuten ruhen lassen, dann zu einer Wurst rollen. Die Wurst in drei gleich große Teile schneiden. Zwei Stücke wieder in den Behälter geben und verschließen, während das dritte Stück bearbeitet wird.

Den Teig mit dem Nudelholz flach ausrollen und viermal auf Stufe 1 (größte Stufe) durch die Nudelmaschine ziehen. Das Teigblatt mit etwas Mehl bestäuben und auf Stufe 2 durchziehen. Diesen Vorgang wiederholen, bis Stufe 6 (dünnste Stufe) erreicht ist. Ohne Nudelmaschine kann der Teig auch mit einem Nudelholz auf einer leicht bemehlten Arbeitsfläche mehrfach ausgerollt werden, bis er etwa 1 mm dünn ist.

Das fertige Teigblatt auf eine leicht bemehlte Arbeitsfläche legen und mit einem Keksausstecher oder einem dünnwandigen Becher etwa 8 cm große Kreise ausstechen. Mit dem restlichen Teig ebenso verfahren.

Für Teigtaschen

Eine kleine Schüssel mit Wasser bereitstellen. Einen Teigkreis auf die Handfläche legen und die Ränder mit den Fingern etwas anfeuchten. 2 TL der gewünschten Füllung in die Kreismitte geben und den Teigkreis in der Mitte zusammenfalten. Die Ränder mit Zeigefinger und Daumen in kleinen Falten zusammendrücken. Es sollten insgesamt 5–7 Falten werden. Die restlichen Teigkreise ebenso füllen.

HAUSGEMACHTE GEMÜSEBRÜHE

NƯỚC DÙNG TỪ RAU CỦ

Eine selbst gemachte Gemüsebrühe im Kühlschrank, etwa für die Zubereitung einer Nudelbrühe, als Basis für einen Eintopf oder ein Curry und zum Ablöschen in einem Pfannengericht, macht das Leben einfacher, beschleunigt das Kochen und ist viel gesünder, weil Sie keine Brühwürfel verwenden müssen.

Sammeln Sie mehrere Gemüsesorten, -schalen und -reste. Achten Sie auf den Geschmack des Gemüses und mischen Sie die Sorten so, dass die Geschmacksrichtungen süß, bitter, umami, frisch, erdig und würzig gleichmäßig vorhanden sind. Je mehr Sie in Ihren Suppentopf packen können, desto mehr Geschmacksschichten lassen sich erzielen, aber überlegen Sie, was Sie mit der Brühe zubereiten wollen. Würzen Sie eher zurückhaltend oder gar nicht, bis Sie die Brühe einsetzen und wissen, für welches Gericht Sie sie benötigen. Halten Sie die Brühe klar und sauber, indem Sie Gemüse wie stärkehaltige Kartoffeln und Kürbisse vermeiden. Sie zerfallen leicht und trüben dadurch die Brühe, es sei denn, Sie schöpfen sie nach 10 Minuten Kochzeit heraus. Achten Sie auf die Farbe Ihres Gemüses: Getrocknete Pilze färben die Brühe braun, Rote Bete färbt sie purpurrot. Seien Sie vorsichtig mit Brokkoli und Weißkohl, die der Brühe einen schwefeligen und bitteren Geschmack verleihen können. Wenn Sie sie hinzufügen, tun Sie dies erst während der letzten 5 Minuten der Kochzeit.

Für eine frische und leichte Brühe fügen Sie in den letzten 5–10 Minuten Erbsen, Zucchini und grüne Bohnen hinzu. Reichhaltiger wird eine Brühe mit getrockneten Pilzen und durch das vorherige Rösten bestimmter Gemüsesorten, wie z. B. Zwiebel, Ingwer, Daikon, Karotte und Pastinake. Dadurch erhält die Brühe mehr Süße und Geschmack.

Süß

Karotte, Pastinake, Süßkartoffel, Nashibirne, Apfel

Bitter/Anisgeschmack

Daikon, Kohlrübe, Fenchel, Sellerie

Sauer

Ananas, Zitrone

Umami/erdig

Seetang, frische oder getrocknete Pilze, Kürbisschale, Sellerie, Linsen, Bohnen, Tomatenmark, neue Kartoffeln (mit Schale), Zwiebeln, Schalotten, Lauch, Frühlingszwiebeln

Frisch

Erbsen, Zucchini, Weißkohl, grüne Bohnen, Stangenbohnen, Spargelenden

Würzig

Ingwer, Zitronengras, Knoblauch, Gewürze, Kräuter

Das ausgewählte Gemüse in Würfel oder Scheiben schneiden. Dadurch wird die Oberfläche, über die das Wasser die Geschmacksstoffe aufnehmen kann, vergrößert. Die Würfel sollten jedoch so groß sein, dass sie nicht zerfallen.

Das Gemüse in einen Topf geben und mit Wasser bedecken. Aufkochen lassen, den Deckel auflegen und alles bei schwacher Hitze ½–1½ Stunden köcheln lassen.

Die Brühe durch ein Sieb in einen sauberen Behälter gießen. Im Kühlschrank ist die Brühe etwa 5 Tage, im Tiefkühlfach etwa 1 Monat haltbar.

HAUSGEMACHTE *BÁNH-CANH*-NUDELN

BÁNH CANH

Ich habe auf Instagram gesehen, wie meine Freundin Jacqueline Clibbon (@papayaverte) diese Nudeln zubereitet hat. Dies ist ihr Rezept. Sie beschäftigt sich oft mit der vietnamesischen Küche, um ihre Wurzeln zu finden, und ich glaube, dass sie sich dadurch zugehöriger fühlt. Jedenfalls hat sie mir damit ein großes Geschenk gemacht, denn ich mache diese unglaublich köstlichen Nudeln nun sehr oft. Sie müssen nicht aufwendig geknetet werden, brauchen weder ausgefallene Maschinen noch Ruhezeit. Ich liebe sie in der *bánh-canh*-Nudelsuppe (s. S. 144) und als gebratene *bánh-canh*-Nudeln mit lila Winterbrokkoli (s. S. 109). Diese Nudeln sind einfach das Beste!

Für 2–3 Personen
Vorbereitungszeit — 15 Minuten
Kochzeit — 10 Minuten

125 g asiatische Tapioka, plus 1 EL zum Bestäuben
100 g asiatisches Reismehl, plus mehr zum Bestäuben

Tapioka und Reismehl in einer Rührschüssel vermischen.

Nudelholz, Messer oder Pizzaschneider, Küchenspatel und Messbecher bereitstellen. 160 ml Wasser zum Kochen bringen.

In der Zwischenzeit eine große Arbeitsfläche mit 1 EL Tapioka bestäuben.

Sobald das Wasser kocht, kreisförmig über die Mehlmischung gießen. Mit dem Küchenspatel rasch zu einem weichen, flockigen Teig verarbeiten. Nach etwa 1 Minute den Teig mit den Händen kräftig durchkneten, bis er ungefähr die Konsistenz von Knetmasse hat. Auf die Arbeitsfläche heben und noch einige Minuten durchkneten. Dann mit dem Nudelholz etwa 5 mm dünn ausrollen. Mit einem Pizzaschneider oder einem Messer in 5 mm dünne Streifen schneiden und mit etwas Reismehl bestäuben.

Wasser in einem Topf sprudelnd aufkochen und die Nudeln hineingeben. Nach 1 Minute die Nudeln mit Kochstäbchen voneinander und vom Topfboden lösen. 10 Minuten köcheln lassen, dann probieren: Die Nudeln sollten noch etwas Biss haben. Abgießen und unter fließend heißem Wasser abspülen.

Auf Portionsschalen verteilen und mit *bánh-canh*-Nudelsuppe oder jeder anderen gewünschten Brühe servieren.

Wenn Nudeln übrig bleiben, können sie in einem verschlossenem Behälter im Kühlschrank bis zu 3 Tage aufbewahrt werden.

Der Teig kann auch mithilfe einer Nudelmaschine zu dünneren, runden Fadennudeln verarbeitet werden.

KNUSPERNUDELN

MÌ XÀO GIÒN

Braten Sie die Nudeln am besten in einem Wok oder einer großen, tiefen Bratpfanne, denn sie blähen sich auf und brauchen Platz. Auch ein Thermometer, das sie mit einem Clip am Wok befestigen können, wäre ratsam, denn wenn das Öl nicht heiß genug ist, werden die Nudeln nicht knusprig, ist es aber zu heiß, verbrennen sie. Auch ein großer Schaumlöffel ist nützlich, mit dem Sie die Nudelnester schnell hinein- und herausheben können.

50 g pro Person: frische oder getrocknete Eiernudeln
Öl zum Frittieren

Außerdem

Küchenthermometer

Frische Nudeln

Die Nudeln voneinander lösen und auflockern. Zu einem Nest formen und auf einen Teller legen. Mindestens einen halben Tag trocknen und aushärten lassen, dabei einmal wenden (so werden die Nudeln schön knusprig). In einen hitzebeständigen Behälter heben und mit kochendem Wasser übergießen. Mindestens 3 Minuten ziehen lassen, dann aus dem Wasser heben und sorgfältig abtropfen lassen oder abschütteln.

Getrocknete Nudeln

Die Nudeln in einen Topf mit kochendem Wasser geben. Sobald sie sich biegen lassen, unter Rühren auflockern, 2 Minuten kochen lassen und abgießen. Im Sieb lassen, bis sämtliches Wasser abgetropft ist, oder kräftig schütteln. In der Zwischenzeit die Toppings vorbereiten.

Braten

Sobald die Nudeln getrocknet sind, das Öl im Wok oder einer Pfanne auf 160–180 °C erhitzen. Eine kleine Portion Nudeln mit hölzernen Kochstäbchen oder einer Zange auf einen Schaumlöffel heben und diesen in das heiße Öl tauchen. Die Nudeln vom Schaumlöffel gleiten lassen und mit den Kochstäbchen zu einem runden, etwa 20 cm großen Nest formen. Etwa 30 Sekunden frittieren, dann einmal wenden. Die Nudeln sollten nach weiteren 30 Sekunden goldbraun und knusprig sein. Aus dem Öl heben und auf einem Kuchenrost abtropfen und abkühlen lassen. Sie bräunen noch nach.

Mit einem saftigen Pfannengericht wie Knuspernudeln mit buntem Gemüse (s. S. 110) servieren.

HINWEISE

Wenn Sie kein Thermometer haben, testen Sie das Öl mit ein paar wenigen Nudeln. Warten Sie zwischen den einzelnen Bratvorgängen immer etwas ab, bis das Öl wieder heiß ist.

GEBRATENER REIS MIT EI

CƠM CHIÊN TRỨNG

Ob für den Hausgebrauch oder zum Aufpeppen von Reisgerichten und Festessen: Gebratener Reis mit Ei ist einfach und besonders zugleich. Er ist so gut wie das, was Sie ihm zugeben, aber man sollte es auch nicht übertreiben. Ich verwende lieber ein wenig Pilzgewürz als Sojasauce, weil der Reis dann hell bleibt, aber dennoch eine gute Portion Umamigeschmack enthält. Am besten nehmen Sie kalten, übrig gebliebenen Reis, denn frisch gekochter Reis wird in der Pfanne leicht matschig. Ich genieße den Reis gern in einer Schüssel mit einem extra Spiegelei und chinesischer Sojasauce obendrauf.

Vorbereitungszeit — 5 Minuten
Kochzeit — 7 Minuten

etwas Ghee oder Rapsöl
1–2 Knoblauchzehen, grob gehackt
kalter, gekochter Reis
Pilzgewürz oder Sojasauce oder ein wenig von beidem
1–2 Frühlingszwiebeln, grob gehackt
frisch gemahlener schwarzer Pfeffer
1–2 Eier

Weitere Zutaten

helle chinesische Sojasauce, Erbsen, Mais, Karotte, Edamame, Eingelegte Senfblätter (s. S. 207), Kimchi, Knusperschalotten (s. S. 208), Pilze, Korianderblätter, Schnittlauch, Currypulver

Ghee oder Öl in einem Wok erhitzen. Den Knoblauch zugeben und bei mittlerer Hitze braten, bis er Farbe angenommen hat. Dann den gekochten Reis, Pilzgewürz oder Sojasauce, Frühlingszwiebeln und Pfeffer zugeben und alles gut vermischen. In der Mitte des Woks eine Vertiefung formen und die Eier hineinschlagen. 30 Sekunden braten, dann das Ei in der Mitte verrühren. Weitere 30 Sekunden braten, nun mit dem Reis vermengen und unter kräftigem Rühren noch einige Minuten braten.

HINWEISE

Falls Sie TK-Gemüse wie Erbsen und Edamame verwenden, braten Sie sie direkt zusammen mit dem Knoblauch etwa 1 Minute, oder bis es aufgetaut ist.

Mais, eingelegtes Gemüse oder Kimchi aus der Dose füge ich gern nach dem Ei zusammen mit Kräutern wie Koriander oder Schnittlauch zu.

PERFEKT GEDÄMPFTER REIS

CƠM

In Vietnam gilt eine Mahlzeit nur dann als vollständig, wenn sie mit Reis serviert wird. Behandeln Sie Ihren Reis mit Respekt. Er ist ein Grundnahrungsmittel, macht die Mahlzeit komplett und vergrößert den Genuss beim Essen.

Für 3–4 Personen
Vorbereitungszeit — 5 Minuten
Kochzeit — 30 Minuten

300 g Reis

Zunächst den Reis in einem Topf dreimal in frischem Wasser waschen, dabei mit den Fingern durch die Körner fahren und sie leicht massieren, um die Stärke auszuspülen. Beim Abgießen des Wassers den Reis mit der Hand im Topf halten oder ein Sieb benutzen.

Am besten gelingt der Reis im Reiskocher. Sobald er gar ist, mit einem Holz- oder Plastikspatel auflockern und weitere 5–10 Minuten im Reiskocher ziehen lassen.

Der Reis kann aber auch in einem Topf mit Deckel gegart werden. Dazu den Reis mit etwa 500 ml Wasser bedecken, sodass das Wasser etwa 1,5–2 cm hoch über dem Reis steht. Bei schwacher bis mittlerer Hitze aufkochen lassen. Nach etwa 5 Minuten hat der Reis das Wasser aufgenommen, und es ist kein Wasser mehr auf der Oberfläche. Nun die Hitze auf niedrigste Temperatur reduzieren und den Deckel gut auflegen, damit der Dampf nicht entweichen kann. Den Reis weitere 15–18 Minuten dämpfen. Den Herd ausschalten, den Deckel nicht abnehmen und den Reis weitere 5–10 Minuten quellen lassen. Dann mit einem Holzspatel auflockern. (Oft entsteht am Topfboden eine knusprig gebräunte Schicht, die für sich schon eine Verlockung ist.)

Das Ziel ist ein lockerer, auf die Minute gekochter Reis, der weder zu weich und wässrig noch zu hart und trocken und klumpenfrei ist. Der Reis ist perfekt, wenn er leicht nussig und etwas blumig schmeckt.

VIETNAMESISCHE PICKLES

ĐỒ CHUA NGÂM GIÒN

Ergibt 400–600 g
Vorbereitungszeit — 50 Minuten
Kochzeit — 5 Minuten

2 Karotten, geschält
1 Stück Daikon (jap. Rettich, 10 cm), geschält
1 Kohlrabi, geschält
2 Knoblauchzehen (nach Belieben)
3 EL Meersalz

Für die Lake

100 ml Apfelessig
7 EL Zucker
2–3 Vogelaugenchilis

Außerdem

1 großes Glas mit Deckel, sterilisiert (s. S. 207)

Die Karotten schräg in 5 mm dünne Scheiben schneiden, dann mit einem Wellenschneider in 5 mm dünne Streifen schneiden. Daikon und Kohlrabi ebenso schneiden.

Gemüse und nach Belieben Knoblauch in eine Schüssel geben, mit Salz bestreuen und mit Wasser bedecken. 30 Minuten ziehen lassen, dann sorgfältig unter fließendem Wasser abwaschen und 15 Minuten in einem Sieb abtropfen lassen. Das Gemüse in das sterilisierte Glas füllen.

Für die Lake 100 ml Wasser, Apfelessig und Zucker verrühren und aufkochen. Auf Zimmertemperatur abkühlen lassen und über das Gemüse gießen. Die Chilis ebenfalls ins Glas geben. 1–2 Tage bei Raumtemperatur ziehen lassen, dann in den Kühlschrank stellen. Die Pickles bleiben bis zu 14 Tage frisch.

HINWEIS

Sie können diese Pickles auch mit Gurke zubereiten. Schneiden Sie sie mit einem Sparschäler in Streifen und 2 runde Schalotten in dünne Scheiben. Von den restlichen Zutaten jeweils die Hälfte verwenden.

SCHNELLE KAROTTEN-DAIKON-PICKLES

ĐỒ CHUA

Ergibt 200 g
Vorbereitungszeit — 10 Minuten
Marinierzeit — 30 Minuten

100 g Karotte, in dünne Scheiben oder in Juliennestreifen geschnitten
100 g Daikon (jap. Rettich), in dünne Scheiben oder in Juliennestreifen geschnitten
1½ EL Zucker
2 EL Apfelessig

Karotte, Daikon, Zucker und Essig in einer Schüssel vermengen. In Scheiben geschnittenes Gemüse etwa 30 Minuten, Juliennestreifen etwa 15 Minuten marinieren. Je dicker das Gemüse geschnitten ist, umso länger muss es ziehen.

HINWEIS

Sie können auch Rote und gelbe Bete mit einem Sparschäler in dünne Scheiben oder Stifte schneiden und ebenso marinieren.

EINGELEGTE SENFBLÄTTER

CẢI CHUA

Senfblätter sind einfach großartig, sowohl frisch als auch eingelegt. Ich liebe ihren einzigartigen, bitteren Geschmack. Diese Pickles haben die perfekte Kombination aus süß, sauer, bitter und scharf. Außerdem bleiben die Blätter knackig. Eingelegtes Blattgemüse ist in Vietnam weit verbreitet. Es gleicht die Aromen aus und ergänzt so manche Reisgerichte.

Ergibt 300 g
Vorbereitungszeit — 10 Minuten

250 g Senfblätter

Für die Lake

10 g Meersalz
45 g Zucker
2 Knoblauchzehen
2 Chilis
1 EL Apfelessig

Außerdem

1 großes Glas mit Deckel (à 600 ml)

Die oberen Blattteile der Senfblätter in 10 cm große Stücke und die blasseren Blattstängel in 5 cm große Stücke schneiden. Die Blätter waschen und sorgfältig trocknen lassen.

500 ml Wasser zum Kochen bringen und in einen Messbecher gießen. Salz, Zucker, Knoblauch, Chilis und Essig zugeben und alles verrühren. Dann beiseitestellen und leicht abkühlen lassen.

In der Zwischenzeit das Glas sorgfältig mit Spülmittel und Wasser spülen. Zum Sterilisieren bis zum Rand mit kochendem Wasser füllen und 10 Minuten stehen lassen. Das Wasser abgießen.

Die Senfblätter in das Glas füllen und mit der Lake übergießen, dabei darauf achten, dass keine Luftblasen verbleiben. Mit dem Deckel fest verschließen.

2–4 Tage an einem warmen, dunklen Ort ziehen lassen, dabei den Deckel einmal täglich öffnen, damit die Luft entweichen kann. Sobald die Blätter in der Farbe von einem leuchtenden Grün zu einem tiefen Senfgrün wechseln, sind sie durchgezogen. Natürlich können Sie auch probieren, ob die Blätter die gewünschte Säure angenommen haben.

KNUSPERZEUG

Ideal für Salate, Nudeln, Reis und Snacks.

Reiscracker

Reispapierblätter einige Sekunden in 180 °C heißem Öl frittieren. Sobald sie sich aufblähen, aus dem Öl heben und auf Küchenpapier abtropfen lassen. Für ansprechende Dekorationen zu Blumen oder in andere Formen schneiden.

Knusprige Reisnudeln

Ein kleines Bündel trockener (ungekochter) Reis-Vermicelli in heißem Öl frittieren, bis sie schön knusprig sind. Diese Nudeln eignen sich hervorragend als Salatbeilage.

KNUSPERSCHALOTTEN

HÀNH PHI

Knusperschalotten werden als Garnierung verwendet, verfeinern jedes Gericht, würzen aber auch Brühen hervorragend.

Ergibt etwa 300 g
Vorbereitungszeit — 15 Minuten
Kochzeit — 15 Minuten

4 EL Pflanzenöl
12 runde Schalotten, in dünne Ringe geschnitten

Das Öl in einer Pfanne erhitzen. Die Schalotten darin bei schwacher Hitze braten, bis sie goldbraun und knusprig sind. Aus der Pfanne heben und auf Küchenpapier abtropfen lassen (das aromatisierte Öl aufbewahren). Die Schalotten bräunen beim Trocknen noch weiter. Öl und Knusperschalotten in getrennten Behältern aufbewahren.

KORIANDERPESTO

NUÔI SỐT NGÒ

Das Pesto ist ein toller Dip und ein großartiges Salatdressing, es passt wunderbar als Aufstrich für ein *bánh mì* mit Gemüse und Tofu und natürlich zu Nudeln.

Für 4 Personen
Vorbereitungszeit — 10 Minuten

30 g getrocknete Kokosraspel, Pinienkerne, Erdnüsse, Cashewkerne, Mandeln oder Pistazien
60 g Koriander mit Stängeln, in 3 cm lange Stücke geschnitten
4 EL Avocado-, Walnuss- oder Erdnussöl, plus mehr zum Beträufeln
4 EL Nährhefe
abgeriebene Schale und Saft von ½ Bio-Zitrone oder ½ Bio-Limette
1 TL Meersalz
2 Knoblauchzehen, grob gehackt

Außerdem

1 großes Glas mit Deckel, sterilisiert (s. S. 207)

Alle Zutaten in der Küchenmaschine oder einem Mixer zu einem glatten, blassgrünen Pesto pürieren. In ein sauberes, sterilisiertes Glas füllen und 5 mm hoch mit Öl bedecken.

Auf Baguette streichen oder zu hausgemachten Nudeln genießen. Im Kühlschrank bleibt das Pesto bis zu 5 Tage frisch.

FRÜHLINGSZWIEBELÖL

MỠ HÀNH

Dieses duftende, schmackhafte Frühlingszwiebelöl wird in diesem Buch immer wieder verwendet, um Gemüse oder Nudeln Farbe und Charakter zu verleihen.

Ergibt etwa 80 ml
Vorbereitungszeit — 15 Minuten
Kochzeit — 3–5 Minuten

4 EL Öl
5 Frühlingszwiebeln, weiße und grüne Teile, in dünne Ringe geschnitten
1 Prise Meersalz

Das Öl in einem kleinen Topf erhitzen. Frühlingszwiebeln und Salz zugeben. Bei schwacher Hitze unter gelegentlichem Rühren etwa 3 Minuten braten, bis die Zwiebeln weich sind. Dann vom Herd nehmen.

HINWEIS

Bewahren Sie die Wurzelenden der Frühlingszwiebeln in einem Glas mit Wasser auf und lassen Sie sie nachwachsen. Wechseln Sie das Wasser jeden zweiten Tag.

ZITRONENGRAS-CHILI-ÖL

SA TẾ

Von diesem Öl bereiten Sie am besten gleich eine große Portion vor, denn es ist sehr nützlich, wenn Sie es mal eilig haben. Geben Sie einfach 1 TL davon in eine Gemüsebrühe und verwandeln Sie so ihren zarten Geschmack in belebende Umami-Würze. Das Öl eignet sich auch hervorragend zum Marinieren von Tofu sowie zum Würzen von Pfannengerichten oder all Ihren Lieblingsgerichten.

Ergibt etwa 100 ml
Vorbereitungszeit — 5–15 Minuten
Kochzeit — 15 Minuten

5 Knoblauchzehen
3 Schalotten
4 Stängel Zitronengras, fein gehackt
1 EL neutrales Rapsöl
2 TL Chilipulver oder Chiliflocken
2 TL Meersalz
2 TL brauner Zucker
1 TL Pilzgewürz
2 EL Crispy Chiliöl (aus dem Asialaden)
2 EL Rapsöl

Außerdem
1 Glas mit Deckel, sterilisiert (s. S. 207)

Knoblauch, Schalotten und Zitronengras im Zerkleinerer oder einer Mini-Küchenmaschine sehr fein hacken. Sie können auch per Hand gehackt werden.

Das Öl in einer Pfanne erhitzen. Die Schalottenmischung darin bei mittlerer Hitze 7–10 Minuten braten, bis sie goldbraun sind. Dann die Temperatur reduzieren. Chilipulver oder -flocken, Salz, Zucker, Pilzgewürz und Crispy Chiliöl unterrühren. Unter gelegentlichem Rühren weitere 5 Minuten braten.

Vom Herd nehmen und ohne Deckel abkühlen lassen. In das sterilisierte Glas füllen und die Oberfläche mit Rapsöl bedecken.

Im Kühlschrank aufbewahren und innerhalb von 3 Wochen verbrauchen.

DIPS UND DRESSINGS

NƯỚC CHẤM

Der Trick bei der Zubereitung einer schmackhaften Sauce ist die Ausgewogenheit von süß, sauer, salzig, umami, bitter und scharf. Schmecken Sie bei der Zubereitung von Dips, Saucen oder Dressings immer ab, damit Sie die richtige Balance finden. Denken Sie daran, dass alle Würzmittelmarken unterschiedlich sind, daher sind diese Rezepte nur ein Leitfaden. Einige Dips können verrührt oder geschüttelt werden. Das bleibt ganz Ihnen überlassen. Werden Öl oder Ghee verwendet, braten Sie Knoblauch und/oder Schalotten und alle Zutaten zusammen sanft an. Für Ihre eigenen Saucen können Sie alles verwenden, was Sie haben, wie Obstkonserven und Marmeladen für die Süße, Essig für die Säure, wenn Limetten oder Zitronen nicht verfügbar sind. Kombinieren Sie einfach die fünf Geschmacksrichtungen für das perfekte Gleichgewicht.

Cremige Aprikosensauce

1 EL Ghee
1 Knoblauchzehe, fein gehackt
2 Vogelaugenchilis, fein gehackt
1 EL Aprikosenkonfitüre
1 EL vegane Fischsauce (s. S. 193)

Süße Limettensauce

Saft von ½ Limette
2 EL Zucker
2 EL vegane Fischsauce (s. S. 193) oder Sojasauce
1 Vogelaugenchili, schräg in dünne Ringe geschnitten

Ingwer-Limetten-Sauce

1 TL Senf
1 EL Ingwermarmelade
¾ EL Sojasauce
2 TL Limettensaft
1 Vogelaugenchili, fein gehackt

Rote-Zwiebel-Essig

1 rote Zwiebel, halbiert und in 3 mm dünne Ringe geschnitten
1 EL Apfelessig
1 TL frisch gemahlener schwarzer Pfeffer
1 TL Ahornsirup
1 EL vegane Fischsauce (s. S. 193)
1 EL Avocado- oder Rapsöl
1 TL Sesamöl

Passionsfrucht-Zitrone-Honig-Dressing

½ EL Sojasauce
Mark von 1 Passionsfrucht
½ EL Honig
1 Vogelaugenchili, fein gehackt
abgeriebene Schale und Saft von ½ Bio-Zitrone

Salatdressing

2 EL Ahornsirup
3 EL vegane Fischsauce (s. S. 193)
abgeriebene Schale von 1 Bio-Limette
3 EL Limettensaft
2 Knoblauchzehen, zerdrückt
1 Vogelaugenchili, fein gehackt
3 EL geschälte Pistazien oder gesalzene, geröstete Erdnüsse, grob gehackt oder zerstoßen

Orangen-Senf-Dressing

1 grüne Vogelaugenchili
1 TL fermentierter Tofu, zerdrückt, oder 2 EL Worcestersauce
1 EL Perillasauce, Sojasauce oder vegane Fischsauce (s. S. 193)
1 TL scharfer Senf
1 TL Orangenmarmelade

Mango-Minz-Dressing

1 Vogelaugenchili, fein gehackt
1 Knoblauchzehe, zerdrückt
2 EL Mangochutney
2 EL vegetarische Umamisauce
abgeriebene Schale und Saft von ½ Bio-Limette oder ½ Bio-Zitrone
10 g Minzeblätter, fein gehackt

Nước mắm (traditionelle vietnamesische Dipsauce)

2 EL vegane Fischsauce (s. S. 193)
1 Vogelaugenchili, fein gehackt
1 Knoblauchzehe, fein gehackt
2 EL Apfelessig, alternativ abgeriebene Schale und Saft von 1 Bio-Zitrone oder 1 Bio-Limette
2 EL Agavendicksaft, Ahornsirup oder Zucker
100 ml heißes Wasser

Tahin-Soja-Dressing

4 EL Sojasauce oder helle Sojasauce
1 EL Tahin
Saft von ¼ Limette oder ¼ Zitrone
1 TL Ahornsirup

Dipsauce

2½ EL Orangenmarmelade
3 TL scharfer Senf
2½ EL Sojasauce
Saft von ¾ Limette (etwa 2 EL)

Crispy Chiliöl mit Soja und Tahin

2 EL Sojasauce
1 EL Tahin
1 EL Crispy Chiliöl (aus dem Asialaden)
1 EL Ahornsirup oder Agavendicksaft
abgeriebene Schale und Saft von ½ Bio-Limette oder ½ Bio-Zitrone

Ingwer-Sojasauce

40 g frischer Ingwer, geschält und fein gehackt
1 Knoblauchzehe, fein gehackt
½ rote Chili oder Chilis nach Wahl, fein gehackt
2 EL Sojasauce oder vegane Fischsauce (s. S. 193)
1 TL Zucker

Hoisin-Erdnussbutter-Dip

1 TL Pflanzenöl
1 Knoblauchzehe, fein gehackt
1 Vogelaugenchili, fein gehackt
2 EL Hoisinsauce
½ EL Weißwein- oder Apfelessig
1 TL Zucker
1 gehäufter EL Erdnussbutter (nach Belieben)
2 EL Erdnüsse, Cashewkerne oder Pistazien, zerstoßen oder grob gehackt

Das Öl in einem kleinen Topf erhitzen. Den Knoblauch darin bei mittlerer Hitze braten, bis er Farbe angenommen hat. Chili, Hoisinsauce, Essig, Zucker, 1 EL Wasser und nach Belieben Erdnussbutter zugeben. Alles sorgfältig verrühren und kurz aufkochen. Abkühlen lassen und auf einzelne Dipschalen verteilen. Mit den gehackten Nüssen oder Kernen bestreuen und servieren.

WOCHENTAGSMENÜ

Tofu und Tomaten mit Spinat und Basilikum	70
Spargel-Ei-Terrine	55
Schnelle Gemüsepfanne mit Knoblauch	40
Brunnenkresse-Ingwer-Suppe mit Tofu	157
Gebratener Reis mit Ei oder Perfekt gedämpfter Reis	202–203
Kokos-Tapioka-Pudding mit Banane	168

»Chicken Wings« aus Tofuknoten	30
Gegrillter Pfirsichsalat mit Orange und Tomate	82
Vegetarische Frühlingsrollen	118
Tapioka-Teigtaschen mit süßer Limette	25
phở mit Pilzen und Tofu	142
Spargel-Reisnudel-Rollen mit Pilzen und Kürbis	124
Baskischer Käsekuchen mit Pandan	164

FESTMENÜ

ÜBER DIE AUTORIN

Uyen Luu ist Foodfotografin. Sie ist Gastgeberin eines vietnamesischen Dinner Clubs und gibt Kochkurse in ihrem Studio in Hackney. Uyen wuchs in London auf, da ihre Familie in den 1980er-Jahren nach England floh. Dies ist ihr drittes Buch.

www.uyenluu.com
Instagram
@loveleluu

DANKSAGUNG

Vielen Dank an Kajal Mistry und alle bei Hardie Grant, die dieses Kochbuch in Auftrag gegeben haben. Ich fühle mich geehrt, mich in Ihre wunderbare Büchersammlung einreihen zu dürfen. Die Zusammenarbeit mit meiner Lektorin Eila Purvis war wunderbar. Wir entwickelten köstliche Rezepte, auf die ich wirklich stolz sein kann. Mein Dank geht an MiMi Aye für das Lektorat. Meiner Schwägerin My Lưu danke ich für die Übersetzung ins Vietnamesische und dafür, dass sie meine Fragen zu vietnamesischem Essen und vietnamesischer Kultur immer beantwortet hat.

Ich bedanke mich mit einer großen Umarmung bei meinen hervorragenden Foodstylisten Sam Dixon und Lucy Turnball, bei Tamara Vos, Florence Blair und dem Requisiteur Louie Waller für die wunderschönen Teller und Schüsseln sowie bei Clarissa Hulse für die Stoffe.

Fotoshootings machen Spaß, aber sie sind auch stressig. Ohne meine Assistentin Laurie Noble wäre ich verloren. Vielen Dank auch für meine schönen Porträts.

Vielen Dank an Evi-O Studio und Susan Le, die immer mit den unglaublichsten Designs aufwarteten. Ihr habt wirklich die Essenz meiner Rezepte eingefangen.

Ich habe eng mit vielen Hobbyköchen aus Küchen in aller Welt zusammengearbeitet, die mich über mein vorheriges Buch *Vietnameasy* gefunden haben. Denjenigen, die die Rezepte getestet haben, danke ich von ganzem Herzen. Ich habe es geliebt, morgens aufzuwachen und Ihre Rückmeldungen zu entdecken. Die Hingabe und Akribie, mit der Sie versucht haben, Zutaten zu besorgen, und die Art und Weise, wie Sie Anweisungen interpretieren, sind unglaublich wertvoll, um anderen zu helfen, diese Rezepte zu Hause nachzukochen. Ich freue mich, dass ich Sie durch die Rezepte und das Kochen kennengelernt habe. Es sind zu viele, um sie alle zu erwähnen, aber mein besonderer Dank geht an Ine Todts, Tamara Mann, Denise De Klein, Cyndi Clinker, Simone Rizik, Lisa Dick, Caroline Lemieux, Christine Twyman, Marlene Parkes, Mary Sargent, Andrea Halsall, Inga Aksamit, Gillian Anderton, Alicia Clyde, Catherine Dallaire, Jules Roberts und Jennie Allen.

Mein herzlicher Dank geht an Jamie Oliver für deine Freundlichkeit, Offenheit und Freundschaft. Du hast stets eine helfende Hand, und ich werde immer für dich kochen!

Vielen Dank an Allan Jenkins und Molly Tait-Hyland vom *Observer Food Monthly* für die Veröffentlichung meiner Rezepte in eurer wunderbaren Beilage. Ich bin sehr dankbar dafür und stolz darauf!

Vielen Dank an Huong Black @mrshuongblack und Jacqui Clibbon @papayaverte dafür, dass ihr mich täglich inspiriert, wenn ich die vietnamesischen Gerichte sehe, die ihr für eure Familien kocht. Ich teile und bewundere euren Sinn für Tradition, verbunden mit neuen Entdeckungen und Möglichkeiten. Ich lerne so viel von euch und sehne mich danach, so zu sein wie ihr.

Vielen Dank an Ben Ridolfi und Phil Derham von Park District. Ihr stellt mich nicht nur immer wieder ein, um mit euch zu arbeiten (auch wenn ich völlig durcheinander bin), wenn ich gerade nicht schreibe oder koche. Ihr liebt mich auch wie eine Schwester. Ob ich nun glücklich oder traurig bin, ihr nehmt mich, wie ich bin. Das bedeutet mir sehr viel.

Ich bin so glücklich, dass ich jetzt meinen vegetarisch lebenden Freundinnen Anja Siemens und Camille Sanson die vietnamesische Küche näherbringen kann. Es tut mir leid, dass ich in den letzten Jahren nicht mehr viele Freunde sehen konnte, aber ich schreibe die Rezepte, weil ich weiß, dass sie ihnen wirklich gefallen würden. Es ist, als hätten sie mein Herz durchdrungen und meine Seele mariniert.

Dank an meine lieben elterlichen Freunde Yasmin (und Darya) Moghadam und Anna Matthews. Vielen Dank an Pam und Paul Williams, die großartige Großeltern für Olive sind. Meine ganze Liebe und Dankbarkeit an meine Familie in den USA: Brian, Jocelyn und Kathleen Luu, chú Hiển und cô Vân, die trotz der Entfernung immer für mich da sind. Meine geliebten Cousins und Cousinen in Vietnam, die ich schrecklich vermisse: Thảo, Thúy, Già und Bin.

Vielen Dank an meine Mutter, eine inspirierende, hart arbeitende Naturgewalt mit einem großen Herzen. Jeder, der jemals bei meinen Kochkursen oder im Dinner Club war, wird sie an ihren unglaublichen Kochkünsten erkennen. Ich liebe dich so sehr und danke dir, dass du immer eine großartige Mutter und Großmutter warst.

Mein größter Dank und meine größte Liebe gilt James O. Jenkins, der mir jeden Morgen eine Tasse Tee serviert, meine Unordnung beseitigt und unserer Tochter Olive und unserem Hund Berry ein wunderbarer und liebevoller Vater ist. Danke, dass du mir Zeit zum Schreiben gibst und unserer kleinen Familie Liebe schenkst. Ich liebe dich.

Dieses Buch ist meiner wunderschönen Tochter Olive Luu Jenkins gewidmet, denn jeder meiner Atemzüge ist für sie. Alles, was ich schreibe, ist für sie. Ich hoffe, dass du dich mit diesen Rezepten zu Hause fühlen wirst, wo immer du in Zukunft hingehst. Ich liebe dich von ganzem Herzen.

REGISTER

A

B

C

D

E

F

G

H

I

K

L

M

N

O

P

R

S

T

V

W

Z

DK | Penguin Random House

Für die deutsche Ausgabe:
Verlagsleitung Monika Schlitzer
Programmleitung Heike Faßbender
Projektbetreuung Doreen Wolff
Herstellungsleitung Dorothee Whittaker
Herstellungskoordination Katharina Schäfer
Herstellung Jenny Kolbe

Übersetzung Annette Ostlaender
Lektorat Elke Sagenschneider Texte und Projekte, München

Titel der englischen Originalausgabe: Vietnamese Vegetarian. Simple vegetarian recipes from a vietnamese home kitchen.

Der Originaltitel erschien 2023 in Großbritannien bei Hardie Grant Books, ein Imprint der Hardie Grant Publishing, London.

ISBN 978-3-8310-4839-7

Druck und Bindung Leo Paper Products, China

FSC www.fsc.org MIX Paper | Supporting responsible forestry FSC™ C020056

www.dk-verlag.de